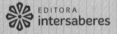
EDITORA
intersaberes

O selo DIALÓGICA da Editora InterSaberes faz referência às publicações que privilegiam uma linguagem na qual o autor dialoga com o leitor por meio de recursos textuais e visuais, o que torna o conteúdo muito mais dinâmico. São livros que criam um ambiente de interação com o leitor – seu universo cultural, social e de elaboração de conhecimentos –, possibilitando um real processo de interlocução para que a comunicação se efetive.

# Serviço social, direito e cidadania

Amélia Aparecida Lopes Vieira Branco

Gustavo Fernandes Emilio

Nilza Pinheiro dos Santos

**Conselho editorial**
Dr. Ivo José Both (presidente)
Dr.ª Elena Godoy
Dr. Nelson Luís Dias
Dr. Neri dos Santos
Dr. Ulf Gregor Baranow

**Editora-chefe**
Lindsay Azambuja

**Supervisora editorial**
Ariadne Nunes Wenger

**Analista editorial**
Ariel Martins

**Preparação de originais**
Mariana Bordignon

**Edição de texto**
Fábia Mariela de Biasi
Viviane Fernanda Voltolini
Natasha Saboredo

**Projeto gráfico**
Laís Galvão

**Capa**
Laís Galvão (*design*)
estherpoon/Shutterstock (imagem)

**Diagramação**
Kátia P. Irokawa Muckenberger

**Equipe de *design***
Laís Galvão
Mayra Yoshisawa

**Iconografia**
Celia Kikue Suzuki
Regina Claudia Cruz Prestes

---

Dados Internacionais de Catalogação na Publicação (CIP)
(Câmara Brasileira do Livro, SP, Brasil)

Branco, Amélia Aparecida Lopes Vieira
  Serviço social, direito e cidadania/Amélia Aparecida Lopes Vieira Branco, Gustavo Fernandes Emilio, Nilza Pinheiro dos Santos. Curitiba: InterSaberes, 2017. (Série Formação Profissional em Serviço Social)

Bibliografia.
ISBN 978-85-5972-626-8

  1. Cidadania 2. Direito – Brasil 3. Direitos fundamentais 4. Direitos sociais 5. Política social 6. Políticas públicas 7. Serviço social – Brasil I. Emilio, Gustavo Fernandes. II. Santos, Nilza Pinheiro dos. III. Título. IV. Série.

17-11630                                    CDD-361.3

Índices para catálogo sistemático:
1. Serviço social   361.3

1ª edição, 2017.
Foi feito o depósito legal.

Informamos que é de inteira responsabilidade dos autores a emissão de conceitos.

Nenhuma parte desta publicação poderá ser reproduzida por qualquer meio ou forma sem a prévia autorização da Editora InterSaberes.

A violação dos direitos autorais é crime estabelecido na Lei n. 9.610/1998 e punido pelo art. 184 do Código Penal.

Rua Clara Vendramin, 58 ▪ Mossunguê ▪ CEP 81200-170 ▪ Curitiba ▪ PR ▪ Brasil
Fone: (41) 2106-4170 ▪ www.intersaberes.com ▪ editora@editoraintersaberes.com.br

# Sumário

Apresentação | 7

Como aproveitar ao máximo este livro | 10

1. **Direito e Estado | 15**
   1.1 Instituições de direito no Brasil | 17
   1.2 Organização do Estado e dos poderes | 21
   1.3 Direito de família | 36

2. **Sociedade capitalista e minimização dos direitos sociais | 49**
   2.1 Desenvolvimento inicial da sociedade capitalista | 51
   2.2 Conceito de *Estado* | 58
   2.3 Estado de direito | 58
   2.4 Estado mínimo, questão social e políticas sociais | 61
   2.5 Breve perspectiva histórica da cidadania no Brasil | 64
   2.6 A Constituição Federal de 1988 e o fortalecimento da cidadania | 70

3. **Legislação social, políticas públicas e serviço social | 81**
   3.1 Serviço social e direitos sociais | 83
   3.2 Princípios constitucionais e consecução da cidadania | 88
   3.3 Direitos sociais | 91
   3.4 Trajetória da política de assistência social como direito à cidadania | 105
   3.5 Direitos da criança e do adolescente | 111
   3.6 Política pública de saúde e Sistema Único de Saúde | 127
   3.7 Política nacional do idoso | 138

Estudo de caso | 153

Para concluir... | 157

Referências | 161

Respostas | 169

Sobre os autores | 173

# Apresentação

**Nesta obra,** pretendemos analisar, de forma crítica e reflexiva, a relação entre serviço social, direito e cidadania.

No Capítulo 1, abordaremos a perspectiva histórica das características formadoras do direito brasileiro, perpassando pela compreensão jurídica do funcionamento do Estado e da criação das políticas públicas. Também examinaremos a organização do Estado brasileiro, ou seja, a tripartição dos poderes. A seguir, apresentaremos importantes aspectos do direito de família, pois ele é a base da sociedade, bem como a respectiva legislação pátria, que estabelece seus critérios de composição e estrutura sob a ótica do poder familiar e das relações de parentesco, incluídos os institutos do casamento, da tutela, da curatela e da adoção.

No Capítulo 2, aprofundaremos a discussão sobre os conceitos de *Estado* e de *cidadania*. Após a promulgação da Carta Magna, houve o fortalecimento da cidadania, que deve ser exercitada todos os dias para que os direitos fundamentais e sociais se concretizem. Vale destacar que a Constituição de 1988 trouxe à luz a democracia e, com ela, a importância de possibilitar às pessoas o exercício da cidadania na condição de sujeitos de direitos e de deveres. Nesse contexto, escolhemos dois princípios constitucionais para ilustrar a relevância da cidadania: o da dignidade da pessoa humana e o da isonomia.

Por fim, no Capítulo 3, trataremos do serviço social, apresentando o contexto histórico clientelista e filantrópico, que preservava a alienação dos cidadãos de acordo com o sistema. Seguiremos discorrendo sobre a superação desse paradigma assistencialista, o qual incentivava a prática enraizada da proteção social brasileira. A par disso, pretendemos estimular a reflexão sobre a interligação entre direito e cidadania para que o serviço social tenha condições de colocar em prática ações que garantam e efetivem os direitos previstos na Constituição Cidadã, mormente direitos sociais e fundamentais.

Nosso intuito é que a leitura desta obra desperte o interesse sobre a realidade em que estamos inseridos, corroborando para a compreensão de que vivemos em uma sociedade contraditória, que deixa à margem cidadãos sem direitos efetivados, vivendo à mercê da própria sorte.

Dessa forma, sem a pretensão ou a ousadia de exaurir esse empolgante e vasto tema, esperamos contribuir para provocar reflexões e debates sobre a área de serviço social e, de alguma forma, possibilitar a formação de um olhar crítico para a atuação do serviço social, notadamente, de modo propositivo em uma sociedade excludente.

# Como aproveitar ao máximo este livro

*Este livro traz alguns recursos que visam enriquecer o seu aprendizado, facilitar a compreensão dos conteúdos e tornar a leitura mais dinâmica. São ferramentas projetadas de acordo com a natureza dos temas que vamos examinar. Veja a seguir como esses recursos se encontram distribuídos no decorrer desta obra.*

**Conteúdos do capítulo:**

- Instituições de direito no Brasil.
- Classificação, ramos e fontes do direito.
- Organização do Estado e dos poderes.
- Formas e sistemas de governo.
- Regimes políticos e formas de Estado.
- Tripartição dos poderes.
- Direito de família.
- Poder familiar e filiação.
- Relações de parentesco.
- Tutela e curatela.
- Casamento.

**Após o estudo deste capítulo, você será capaz de:**

1. descrever o sistema jurídico-político, que é ferramenta necessária para contextualizar o sistema político brasileiro e a efetivação da cidadania;
2. ampliar a capacidade analítica a respeito da organização do Estado, dos poderes constituídos e da participação popular;
3. discorrer sobre os institutos do direito de família, notadamente as relações de parentesco e seus efeitos; o poder familiar e a filiação; as regras de adoção; os regimes de tutela e curatela; e os regimes de bens.

## Conteúdos do capítulo:

*Logo na abertura do capítulo, você fica conhecendo os conteúdos que nele serão abordados.*

## Após o estudo deste capítulo, você será capaz de:

*Você também é informado a respeito das competências que irá desenvolver e dos conhecimentos que irá adquirir com o estudo do capítulo.*

**Serviço social, direito e cidadania**

participação popular para o debate e para as reflexões acerca das violações de direitos. Além desses objetivos, vale lembrar a elaboração de propostas que contribuam para que todos os cidadãos sejam contemplados em seus direitos constitucionais, legitimando a organização popular a fim de que o Poder Público cumpra sua função de forma ética e viabilize a efetivação dos direitos conquistados pelo povo brasileiro.

## Síntese

Refletir sobre o conceito de *Estado* é essencial para analisar criticamente o exercício democrático da cidadania. A atuação estatal desempenha papel fundamental e diretamente ligado à viabilização do pleno e efetivo exercício dos direitos fundamentais.

É possível afirmar isso porque os princípios explícitos e implícitos, garantidos e assegurados pela CF/1988, assumem potencial emancipatório e direcionam com determinação a função do Estado democrático de direito.

A cidadania tem uma trajetória de superação e, com a promulgação da Carta Magna de 1988, fica nítido que o Brasil está em um novo rumo de caráter emancipador, reconhecendo-se que o homem é mais importante do que a propriedade. Tanto é assim que a CF/1988 é conhecida como a *Constituição Cidadã*.

Essa transformação do ordenamento jurídico brasileiro assegura formalmente muitos direitos civis, mas que ainda não estão sendo exercidos pela coletividade de forma plena. O acesso deficiente aos direitos civis pode estar relacionado ao fato de o país se encontrar em um período de transição, no qual a sociedade está aprendendo a viver com a democracia, que visa à efetividade dos direitos.

Nesse contexto, é necessário superar a visão estagnada e avançar rumo ao entendimento crítico e reflexivo, entendendo o que significa *cidadania* e apropriando-se dela sob a perspectiva de efetivá-la e exercê-la plenamente em seu mais alto grau de importância para a consolidação dos direitos civis.

**75**

## Síntese

*Você dispõe, ao final do capítulo, de uma síntese que traz os principais conceitos nele abordados.*

---

**Serviço social, direito e cidadania**

No que tange ao direito de família, verificamos que, em suma, parentesco é a relação que une duas ou mais pessoas por vínculo consanguíneo ou social, como a adoção. No parentesco em linha reta, descendem umas das outras, como pai e filho; em linha colateral, há um ancestral em comum, como tios e primos.

A adoção, não obstante as especificidades exigidas para a formalização do ato, atribui condição de filho, tal qual o consanguíneo, ao adotado. Também estabelecemos a distinção entre tutela (proteção de menores) e curatela (proteção de maiores, porém, sem condições de fazê-los por conta própria).

Ainda sobre o direito da família, explicamos que pessoas também se unem por meio do casamento. Dessa relação, os envolvidos decidem a questão dos bens materiais pela junção de tudo o que foi adquirido em conjunto ou pela individualização, na forma de separação, seja parcial, seja total.

## Questões para revisão

I. No regime parlamentarista, diferentemente do presidencialismo, as funções de chefe de Estado e chefe de governo são exercidas por autoridades diferentes. O chefe de Estado tem a função de ser o representante maior do Estado, figura associada à participação cerimonial em festas e outros eventos para autoridades dentro e fora de seu país, e o chefe de governo essencialmente exerce a Administração Pública. No Brasil, a chefia de Estado, em razão do regime presidencialista, é exercida pelo:

a) primeiro-ministro, escolhido entre os membros do Congresso Nacional.

b) presidente da República, quando pratica atos protocolares em programas humanitários internacionais.

c) presidente da Câmara dos Deputados, em sua relação estreita com o Congresso Nacional.

d) presidente da República, responsável pela definição das políticas públicas.

**45**

## Questões para revisão

*Com estas atividades, você tem a possibilidade de rever os principais conceitos analisados. Ao final do livro, os autores disponibilizam as respostas às questões, a fim de que você possa verificar como está sua aprendizagem.*

a) É falsa, pois a lei não faz menção à cidadania.
b) É parcialmente falsa, pois estar na base da lei é o bastante.
c) É parcialmente verdadeira, pois a letra da lei garante a cidadania substantiva.
d) É verdadeira.

4. Por que fortalecer a participação coletiva?
5. Em que se fundamenta o Estado de direito?

### Questões para reflexão

1. Segundo Vieira (1992, p. 52), "A política social nasce assim da crítica à desigualdade social e espelha em suas origens a vigorosa pretensão humana da igualdade. No interior da democracia totalitária a denúncia à iniquidade entre os homens é o suporte indispensável da política social". O que significa democracia totalitária?
2. É correto dizer que o princípio da isonomia se traduz na igualdade de todos perante a lei?

### Questões para reflexão

*Nesta seção, a proposta é levá-lo a refletir criticamente sobre alguns assuntos e trocar ideias e experiências com seus pares.*

### Para saber mais

*Você pode consultar as obras indicadas nesta seção para aprofundar sua aprendizagem.*

### Para saber mais

AZAMBUJA, D. **Teoria geral do estado**. 5. ed. Porto Alegre: Globo, 1973.

*Nessa obra, um clássico da área, o jurista Darcy Azambuja faz um apanhado das noções basilares do conceito de Estado e aborda diferentes aspectos desse assunto tão rico e importante para a organização da sociedade. Alguns dos elementos tratados são: soberania e poder político, direitos individuais, representação de interesses e relações entre o Estado e o indivíduo.*

BARROSO, L. R. **O direito constitucional e a efetividade de suas normas**. 7. ed. Rio de Janeiro: Renovar, 2003.

*Nesse livro, o tema do direito constitucional é tratado pelo autor com uma linguagem renovada e com uma roupagem original. Em seu estudo doutrinário e jurisprudencial, Barroso apresenta diferentes institutos e relaciona as normas e as ações constitucionais.*

VIEIRA, E. **Democracia e política social**. São Paulo: Cortez, 1992.

*Nesse trabalho de Vieira, são destacadas as temáticas da igualdade e da democracia. Para tratar desses assuntos, são comentados aspectos da crítica da política social e abarcados elementos como direitos sociais e políticas econômicas.*

# Estudo de caso

## Estudo de caso

*Esta seção traz ao seu conhecimento situações que vão aproximar os conteúdos estudados de sua prática profissional.*

♦♦ **Programa de Proteção a Crianças e Adolescentes Ameaçados de Morte em São Paulo (PPCAAM)**

**Como a situação chegou até o serviço:** O caso foi encaminhado pelo Ministério Público da Comarca de Botucatu/SP.

**Descrição da situação familiar:** J.S., 14 anos, filho único de Jonas Silva e de Maria Silva, estudante do 8º ano do ensino fundamental, residente e domiciliado na Rua das Flores, 301, bairro Castro, município de Botucatu/SP.

**Exposição do caso:** O Ministério Público requisitou intervenção do PPCAAM/SP, porque o adolescente em tela se encontra em risco de morte por ter presenciado o homicídio de um vizinho, conhecido como "Chico Pó", que, segundo investigação policial, pode ser integrante de uma quadrilha que agia nas proximidades com o tráfico de entorpecentes. Conforme relato do adolescente, ele estava na frente de sua casa quando um homem

# Direito e Estado

CAPÍTULO

1

## Conteúdos do capítulo:

* Instituições de direito no Brasil.
* Classificação, ramos e fontes do direito.
* Organização do Estado e dos poderes.
* Formas e sistemas de governo.
* Regimes políticos e formas de Estado.
* Tripartição dos poderes.
* Direito de família.
* Poder familiar e filiação.
* Relações de parentesco.
* Tutela e curatela.
* Casamento.

## Após o estudo deste capítulo, você será capaz de:

1. descrever o sistema jurídico-político, que é ferramenta necessária para contextualizar o sistema político brasileiro e a efetivação da cidadania;
2. ampliar a capacidade analítica a respeito da organização do Estado, dos poderes constituídos e da participação popular;
3. discorrer sobre os institutos do direito de família, notadamente as relações de parentesco e seus efeitos; o poder familiar e a filiação; as regras de adoção; os regimes de tutela e curatela; e os regimes de bens.

# 1.1 Instituições de direito no Brasil

No Brasil, o direito surgiu no mesmo momento em que a armada comandada por Pedro Álvares Cabral aportou na então Terra de Vera Cruz, em 22 de abril de 1500. Com a língua, a cultura, a literatura e a arte, herdamos de Portugal o direito que lá vigorava: as Ordenações Afonsinas.

A formação do direito português teve raízes muito mais profundas, pois contou com a participação dos povos primitivos da Península Ibérica e de seus invasores, como gregos e romanos – encontrando nestes últimos, a maior contribuição.

Até sua independência política em 12 de outubro de 1822 – data em que D. Pedro I foi proclamado imperador do Brasil – a nação vivenciou, como colônia portuguesa, as posteriores Ordenações Manuelinas e Afonsinas e, nesse período, importantes marcos legais, como a Lei da Boa Razão, de 1769, que trouxe mudanças significativas no exercício do direito (Wolkmer, 2003). Ainda assim, institutos jurídicos antiquíssimos permanecem praticamente inalterados até os dias de hoje, como a comunhão de bens entre cônjuges e o testamento, fruto do brilhantismo dos legisladores do passado.

Portanto, as instituições do direito brasileiro foram concebidas e sedimentadas no decorrer dos séculos, fundamentadas em uma herança histórica que exige análise por diferentes ângulos. Só dessa maneira é possível entender com mais profundidade o tema.

## 1.1.1 Classificação e ramos do direito

Ao explorarmos o surgimento do direito, verificamos que regras de convivência são fundamentais; sem elas, seria impossível vivermos socialmente. A distinção entre a vontade que cada ser humano tem de realizar seus desejos e as limitações impostas pela necessidade de viver em sociedade ficou definida na Antiguidade como *norma agendi*, ou direito objetivo, e *facultas agendi*, ou direito subjetivo (Montoro, 1968, citado por Pinho; Nascimento, 2006).

O **direito objetivo** constitui-se de regras convencionadas para a convivência entre as pessoas, as quais são impostas e obrigatórias; se não o fossem, não seriam respeitadas. Elas valem para determinado grupo de pessoas. O Código Penal brasileiro é um exemplo de direito objetivo (Pinho; Nascimento, 2006).

O **direito subjetivo**, por sua vez, diz respeito ao direito que as pessoas têm de satisfazer suas vontades, desde que isso não fira o interesse social. São direitos conferidos aos cidadãos sob a forma de permissões ou garantias para que eles realizem suas necessidades, autorizadas ou não proibidas, a exemplo da garantia constitucional do direito à propriedade. Se a propriedade for violada, invoca-se o direito objetivo, a fim de que o proprietário possa se valer do sistema judiciário para manter sua posse.

Dessa forma, forma-se o **trinômio sujeito, objeto e relação**. Não existe direito sem sujeito. É elemento lógico. Também não há direito sem objeto, ou seja, o bem ou a vantagem sobre o qual o sujeito exerce poder. Pode ser algo corpóreo (concreto), como um automóvel, ou incorpóreo (abstrato), como a saúde ou a vida. Pode ser ainda uma ação humana, como o trabalho, ou preceitos, como a honra e a liberdade. Tudo tem seu valor.

O direto pode ser classificado em dois ramos: positivo e natural.

O **direito positivo** é o legislado, escrito e organizado, com regras impostas a todos relacionados em um convívio comum.

> Não existe direito sem sujeito. É elemento lógico. Também não há direito sem objeto, ou seja, o bem ou a vantagem sobre o qual o sujeito exerce poder.

O **direito natural**, por sua vez, não é composto de regras escritas, mas de forças que emanam da natureza humana, como o direito de viver, de constituir família, de se reproduzir etc.

Voltando, pois, nossa atenção ao direito positivo, esclarecemos que este se decompõe em diversos ramos. Observe o esquema apresentado na Figura 1.1

## Figura 1.1 – Composição do direito positivo

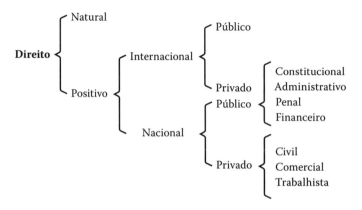

Fonte: Adaptado de Pinho; Nascimento, 2006, p. 32.

O **direito nacional** diz respeito ao conjunto de leis de abrangência interna de um país.

Quando um Estado se relaciona com outro – mediante relações diplomáticas, comerciais ou meramente humanas –, emprega-se um conjunto de princípios jurídicos de **direito internacional**, uma vez que não existe norma de abrangência mundial, admitindo-se que cada nação tenha liberdade para decidir e legislar o que melhor aprouver a seus cidadãos.

Pensemos, por exemplo, em uma indústria brasileira que compra componentes de um fornecedor da China. Se dessa relação comercial surgir um conflito, como um desentendimento acerca de um pagamento efetuado, qual seria a legislação aplicável? A lei brasileira, do comprador, ou a lei chinesa, do vendedor? O caso pode não ser de fácil resolução se existirem brechas no contrato. Portanto, as leis dos dois países deverão ser analisadas, caracterizando uma ação típica de direito internacional.

Conforme o esquema da Figura 1.1, tanto o direito nacional quanto o internacional se dividem em dois ramos: público e privado.

O **direito público** caracteriza-se por regular interesses gerais da coletividade, que constituem interesse imediato do Estado.

O **direito privado**, diferentemente, versa sobre os interesses dos particulares, atividades normais dos cidadãos.

O direito constitucional é um exemplo de direito nacional público, que tem como objeto de estudo a Constituição Federal (CF) de 1988 (Brasil, 1988). Vale citarmos também: o direito administrativo, responsável pelas normas de administração da coisa pública; o direito penal, ramo que define o que é considerado crime e a respectiva punição; e o direito financeiro, no qual se destaca o direito tributário, que delimita a ação do Estado em cobrar tributos e estabelecer a destinação do dinheiro.

O direito nacional privado envolve: o direito civil, que regula os atos da vida, suas relações e os bens; o direito comercial, que trata de relações empresariais e contratos; e o direito trabalhista, que aborda as relações entre empregado e empregador.

Já o direito internacional público é o conjunto de normas jurídicas aplicáveis nas relações entre países, como os tratados internacionais. E o direito internacional privado é aquele que define as regras para as pessoas quando estas se relacionam em mais de um país, como ao processar o inventário de quem, em vida, possuía bens em vários países.

## 1.1.2 Fontes do direito

O direito não se restringe às leis. Embora seja sua principal fonte, outros meios são utilizados de modo complementar, como a jurisprudência, a doutrina e os costumes.

A **lei** é uma regra que resulta da observação da conduta humana e de seus interesses, com a finalidade de promover o bem social. É instituída por uma autoridade com esses poderes e torna-se obrigatória. O poder competente para editá-la é o Legislativo. As leis têm dependência constitucional, ou seja, devem estar de acordo com os preceitos da CF/1988. Nesse sentido, também seguem uma hierarquia em cujo topo está a Constituição, a Lei Maior. Pela hierarquia das leis, uma lei municipal não será válida em todo o território nacional.

A **jurisprudência** é o resultado das decisões de juízes e tribunais na aplicação da lei aos casos concretos. Quando um problema é levado para a apreciação do Poder Judiciário, sua resolução pode ser aplicada em situações que guardem semelhança, no sentido essencial de justiça. A jurisprudência, em regra, não vincula o julgador, mas é um subsídio importante.

A **doutrina** consiste, de maneira geral, nas reflexões teóricas e investigações sustentadas por estudiosos e cientistas da área em suas publicações. Suas inovações ou interpretações jurídicas têm muita relevância, seja na aplicação das leis pelo Poder Judiciário, seja no aperfeiçoamento de novas leis editadas pelo Poder Legislativo.

Os **costumes**, por sua vez, chamados na esfera jurídica de *normas costumeiras* ou *normas consuetudinárias*, ainda hoje têm seu papel, embora não tenham a mesma importância que tinham no passado. O direito consuetudinário é aplicado principalmente em casos de omissão na lei, ou seja, quando, para a resolução do problema levado ao juiz, não se encontram subsídios normativos. Os costumes são expressados oralmente e são fruto de tradições e condutas reiteradas de uma coletividade ou região.

# 1.2 Organização do Estado e dos poderes

Compreender as formas de organização do Estado é essencial para o pleno exercício da cidadania, bem como para a discussão das políticas públicas, visando ao contínuo processo de desenvolvimento da ordem pública.

## 1.2.1 Formas de governo

No Brasil, a **república** é a forma de governo adotada na atualidade. O termo *república* tem origem no latim *res publica* e pode ser traduzido ao pé da letra como "coisa pública". A república seria, então, um lugar onde tudo é de todos. Isso significa que, em uma república, o povo é soberano, ou seja, detém o poder. A manifestação mais clara desse poder é o voto (Dallari, 1995). Uma característica básica da república é a **eletividade periódica**. Em determinados intervalos de tempo, o povo é convocado para as eleições. Esse intervalo varia de país para país.

O povo brasileiro é chamado para manifestar sua vontade pelo voto a cada dois anos[1]. As eleições gerais (para presidente, governadores, deputados e senadores) são realizadas separadamente das eleições municipais (para prefeitos e vereadores). Como ocorrem de forma intercalada, a cada dois anos, os eleitores devem comparecer às urnas.

Outra forma de governo é a **monarquia**, na qual, diferentemente do modelo republicano, há a ascensão automática hereditária do chefe de Estado. Outra característica da monarquia é a **vitaliciedade**. Em oposição à eletividade periódica, o monarca assume sua posição e a mantém pelo tempo que julgar conveniente (Paupério, 1964).

No passado, a monarquia era a forma adotada por muitos Estados. Porém, ao longo dos séculos, houve uma expressiva diminuição dessa forma de governo, hoje restrita a poucos países.

---

1 Excetuados os plebiscitos e os referendos, por meio dos quais a manifestação da vontade popular pode ocorrer em um lapso temporal diverso. Ambos são consultas populares. A diferença é que o **plebiscito** é uma consulta prévia sobre determinada matéria a ser discutida pelo Congresso Nacional; já o **referendo** é uma consulta posterior sobre um ato governamental. No Brasil, a matéria do último referendo de abrangência nacional foi a proibição da comercialização de armas de fogo e munições, em 2005. Por meio de plebiscito, no ano de 1993, os eleitores foram chamados para escolher o sistema de governo (monarquia, parlamentarismo ou presidencialismo), tendo sido consolidado o presidencialismo até os dias de hoje.

Nos dias atuais, com a ampla difusão dos conceitos democráticos em muitos níveis da organização humana, a aceitação de que seu líder seja colocado unicamente por ser descendente de seu antecessor, não tendo necessariamente demonstrado habilidade ou competência para ocupar tal posição, pode causar repulsa. Do mesmo modo, atualmente, as atribuições e a quantidade de poder conferidas ao monarca são mais limitadas quando comparadas às dos regimes de monarquia absolutista bastante comuns até a Idade Moderna.

## 1.2.2 Sistemas de governo

Na organização atual dos Estados, os principais sistemas de governo são o presidencialismo e o parlamentarismo.

O **presidencialismo** demanda obrigatoriamente a figura de um presidente, em regra eleito pelo povo, com mandato fixo por prazo determinado. A competência de atuação do governante é estabelecida por lei e pode variar de acordo com o regime político vigente em cada país.

O **parlamentarismo**, a seu turno, surgiu no decorrer de uma longa evolução histórica que culminou, na atualidade, em um sistema bem delimitado. *Parlamento* é uma palavra derivada do francês *parler* (falar) e indica o local onde se reúnem os representantes do povo, como deputados e senadores, para debater e legislar sobre assuntos de interesse nacional. O parlamento é chefiado pelo primeiro-ministro[2].

Nos países de regime democrático, o primeiro-ministro normalmente é empossado por eleição indireta. Esse processo acontece da seguinte forma: os representantes do povo – deputados e senadores – são eleitos diretamente, ou seja, o eleitor escolhe, entre os diversos candidatos, aquele que considera melhor. Constituído o parlamento pelos representantes eleitos por voto

----

2 Na Alemanha, emprega-se o termo *chanceler*. Na França, é comum se referir ao primeiro-ministro como *premier* ou *premiê*.

Direito e Estado

direto, estes se reúnem e, entre eles, elegem o primeiro-ministro. Ressaltamos que, nesse processo, pode haver variações de acordo a legislação de cada país.

**Salvo raras exceções, como Cuba e China, os Estados no mundo atual adotam um desses três modelos: monarquia parlamentarista, república parlamentarista ou república presidencialista.** Um ponto essencial para a compreensão do parlamentarismo é a diferença entre chefe de governo e chefe de Estado. O primeiro-ministro é o **chefe de governo**. É o responsável pela Administração Pública. Se traçarmos um paralelo com o sistema de governo brasileiro, podemos dizer que as funções desempenhadas por um primeiro-ministro se assemelham às do presidente da República, em virtude de sua força executiva.

O **chefe de Estado** é uma figura representativa do Estado. Essa representação é interna e externa, ou seja, ele representa o Estado tanto dentro de seu país quanto em reuniões internacionais com líderes de outros países, por exemplo. Para ilustrar, lembramos o caso da Inglaterra:

A rainha Elizabeth II é a chefe de Estado, já a atual primeira-ministra Theresa May é a chefe de governo. O chefe de Estado não tem participação nas decisões políticas; esse papel é do chefe de governo.

Como visto, existem diferentes formas de organização político-administrativa de um Estado. Os diversos sistemas e formas de governo podem ser inter-relacionados, a exemplo do que observamos no modo como são estruturados muitos países no mundo contemporâneo. Salvo raras exceções, como Cuba e China[3], os Estados no mundo atual adotam um desses três modelos: monarquia parlamentarista, república parlamentarista ou república presidencialista. O método para compreender e diferenciar esses sistemas consiste em observar, essencialmente, as funções

‖‖‖‖‖‖‖‖‖‖‖‖‖‖‖‖‖‖‖‖‖‖‖‖‖

3  Embora adotem a república como forma de governo, em razão do regime político ditatorial, existem, nesses países, especificidades quanto aos respectivos sistemas de governo.

de chefe de Estado e de chefe de governo. No Quadro 1.1, essa distinção é explicitada.

## Quadro 1.1 – Principais modelos de governo

| Modelos | Chefe de Estado | Chefe de governo | Exemplos |
| --- | --- | --- | --- |
| Monarquia parlamentarista | Monarca | Primeiro--ministro | Inglaterra Japão |
| República parlamentarista | Presidente | Primeiro--ministro | Alemanha Itália |
| República presidencialista | Presidente | Presidente | Brasil Estados Unidos |

Podemos perceber que, em uma **república presidencialista**, as funções de chefe de Estado e de chefe de governo são acumuladas pelo presidente da República, diferentemente do que ocorre nos regimes parlamentaristas, nos quais essas funções são exercidas por indivíduos diferentes. No Brasil, uma república presidencialista, o presidente acumula duas funções: a de administrar, no sentido de executar as leis e fomentar as políticas públicas, e o de representar, ou seja, ser a figura representativa do poder do Estado, dentro e fora do país.

Na **monarquia parlamentarista** e na **república parlamentarista**, a Administração Pública fica a cargo de seus primeiros-ministros, e a função representativa, com o monarca e o presidente respectivamente.

Para nós, brasileiros, o fato de o presidente exercer apenas a representação do Estado, e não sua administração, pode causar algum desconcerto, pois estamos acostumados a ver a figura presidencial como detentora de duas atribuições. Contudo, países que adotam como sistema a república parlamentarista encontram harmonia entre as duas figuras por distinguirem bem suas competências.

Ao observarmos o nome oficial de nosso país, República Federativa do Brasil, ao menos duas informações importantes são evidenciadas. Primeiro que se trata de uma república. Depois, que o país é um Estado federado.

Ao longo de sua existência, o país experimentou diversos modelos, marcados pelos períodos colonial (1500-1822), imperial (1822-1889) e republicano (de 1889 até os dias de hoje). Em síntese, quando da colonização portuguesa, a administração local era basicamente importada de Portugal, que fazia valer aqui suas determinações. Com o deslocamento da corte portuguesa para o solo brasileiro, instalou-se a monarquia, forma de governo que perdurou até 1889 quando da Proclamação da República. A Constituição de 1891 teve como uma de suas principais determinações a adoção do presidencialismo e do federalismo. Em um curtíssimo intervalo de tempo, o Brasil experimentou o parlamentarismo, entre 7 de setembro de 1961 e 24 de janeiro de 1963, durante o governo do presidente João Goulart; após o golpe militar de 1964, instaurou-se aqui a ditadura, controlada por militares. Com o advento do movimento "Diretas Já", a ditadura teve seu fim em 1985, momento em que foi adotado o sistema de república presidencialista vigente até hoje.

Ainda sobre essa temática, uma emenda à CF/1988 determinou a realização de um plebiscito, ocorrido em 1993, para que o povo pudesse escolher entre três formas de governo: republicana, monarquista controlada por um sistema presidencialista ou parlamentarista. Venceu o presidencialismo republicano com larga escala de votos.

Não existe amparo legal para a alteração do sistema atual para qualquer outro, embora se cogite uma reforma política ampla, na qual, dependendo de suas dimensões, alterações dessa grandeza podem ser realizadas.

### 1.2.3 Regimes políticos

Destacaremos, a seguir, a democracia e a ditadura como regimes políticos, influenciadores do modo como se relacionam as pessoas e o Estado.

A principal característica em uma **democracia** é a capacidade de participação do povo na escolha dos rumos do Estado. É a chamada *soberania popular*, em que o povo detém o poder. O instrumento moderno mais comum para o exercício democrático é o **sufrágio universal**, ou seja, o direito de votar e de ser votado. Na **ditadura**, existe uma ruptura das regras democráticas. O povo não tem direito à participação política ou, quando tem, este é muito restrito. Citamos como exemplo emblemático Cuba, que vive no regime ditatorial desde meados do século passado. Diversos são os componentes históricos que determinam a presença de um ou outro regime político em dado Estado. O Brasil vivenciou tempos de ditadura ao longo de sua história, retornando ao regime democrático pela última vez em 1985, com o fim da ditadura militar.

## 1.2.4 Formas de Estado

O poder político deve ser percebido pelo povo de modo igual e homogêneo sobre todo o território de um Estado. Para que isso ocorra, diferentes estratégias podem ser utilizadas, concentrando ou descentralizando o poder de acordo com diversos fatores, entre eles as razões históricas relacionadas ao surgimento do próprio Estado, sua extensão territorial e a formação antropológica. Com relação a essa distribuição de poder, os Estados podem ser federados ou unitários.

No **Estado federado**, o poder político é descentralizado, embora unificado. Existe uma única força política no poder, porém, ela é fragmentada para atingir com mais precisão seus objetivos (Dallari, 1995).

Na prática, isso significa que, nas federações, há unidades federativas, também denominadas *estados-membros*. No Brasil, há o governo federal, e cada estado-membro, por exemplo, São Paulo, Paraná ou Santa Catarina, tem seu governo estadual, limitado a seu território, com alguma independência funcional, mas convergindo para um fim único, que é a administração do Estado. Diferentemente, nos estados unitários, como Portugal, há apenas o governo federal e as administrações municipais.

A concepção de *federação* surgiu nos Estados Unidos da América. Durante a colonização inglesa, vários grupamentos de pessoas se espalharam pelo território. Com o passar dos anos, as colônias britânicas cresceram e, forçosamente, surgiram regras rudimentares, porém necessárias, para a convivência e para o comércio. Em razão da grande distância geográfica existente, as regras eram diferentes entre as colônias. Cada qual desenvolveu costumes próprios, como se fossem pequenos países. Em dado momento da história, as colônias em solo americano eram 13 e celebraram um acordo de união para se fortalecer como um país independente. Essa foi a base para o surgimento dos Estados Unidos da América. Desse modo, é possível definir *federação* como "a associação de partes autônomas".

Anteriormente, citamos que o nome oficial de nosso país – República Federativa do Brasil – apresentava informações importantes, entre elas, que o Brasil é uma federação. Essa informação é inquestionável, pois há, de fato, a união de unidades federativas: cada estado brasileiro corresponde a uma unidade da federação. São 26 estados-membros e o Distrito Federal. No entanto, a formação da federação brasileira aconteceu de maneira diferente da americana. Lá, 13 estados se uniram e formaram um novo país. No Brasil, a massa territorial é preexistente e foi dividida posteriormente para ser mais bem administrada. Portanto, o Brasil é considerado uma federação anômala.

Façamos uma nova análise. No momento da independência dos Estados Unidos como colônia inglesa, somavam-se 13 estados. Hoje, são contabilizados 50, que foram sendo agregados à federação. No caso brasileiro, o território já estava constituído quase em sua totalidade, excetuado o Acre, que foi incorporado posteriormente, mas, de fato, houve uma divisão em unidades federativas, e não uma aglutinação. Por esse motivo, consideramos uma federação anômala quanto a sua origem.

Existiram, ao longo da história brasileira, movimentos separatistas, como alguns mais recentes provenientes da Região Sul, com o objetivo de separar alguns estados para a formação de um novo país. Entretanto, ainda que conseguissem apoio parlamentar de deputados e senadores simpatizantes desses movimentos no

Congresso Nacional, não seria possível uma separação pacífica com a modificação da Carta Magna. Isso porque o art. 60, parágrafo 4º, da CF/1988 prevê a proibição da dissolução da forma federativa do Estado. Esse dispositivo legal está no rol de cláusulas pétreas, que não podem ser alteradas em qualquer hipótese, nem mesmo por emendas constitucionais.

Ao contrário da federação, no **Estado unitário** existe uma centralização política do poder. Nessa modalidade, não há estados-membros. Não é justificável a subdivisão política do poder em um país de pequeno espaço territorial, embora não seja esse o fator determinante para a adoção desse sistema. Ainda assim, a maioria dos Estados no mundo é unitária.

Os Estados unitários são constituídos, salvo exceções, por um governo central, representado, por exemplo, por um presidente da República, e subunidades governamentais, como as cidades administradas pelos prefeitos. Traçando-se um paralelo com o Brasil, no modelo de Estado unitário não existem governadores. Alguns exemplos de Estado unitário são Uruguai, Portugal e Itália.

## 1.2.5 Tripartição dos poderes

Atribui-se a Montesquieu (1689-1755), cientista político francês, a teoria da tripartição dos poderes, registrada em sua obra *O espírito das leis*, de 1748. No Brasil, em consonância com a CF/1988, são poderes independentes e harmônicos entre si o Poder Executivo, o Poder Legislativo e o Poder Judiciário.

Cada poder tem sua competência delimitada pela CF/1988, de modo que um poder não é superior ao outro. O que existe é a individualização das funções estabelecidas para cada um.

Se um dos poderes praticar atos que não são de sua competência ou se deixar de exercer aqueles que o são, em desacordo com a legislação, são cabíveis medidas previstas pelo **sistema de freios e contrapesos**. Esse sistema impõe o modo de autorregulação dos poderes, a ser exercido mediante fiscalização que fazem uns dos outros e solução dos conflitos (Martins, 2006). A seguir, analisaremos cada um dos três poderes para melhor explicar essa divisão.

### 1.2.5.1 Poder Legislativo

O Poder Legislativo no Brasil tem como finalidade essencial legislar, ou seja, editar leis que atendam às necessidades, em última análise, da população. A atuação dos membros desse poder é dividida em esferas: federal, estadual, municipal e distrital (relativa ao Distrito Federal). Essa divisão impõe restrições de abrangência das normas; por exemplo, o Legislativo municipal pode legislar apenas para o âmbito de seu município de origem.

Na **esfera municipal**, os integrantes do Poder Legislativo são os vereadores. Estes se reúnem para a elaboração de leis de interesse do município na Câmara Municipal. Já na **esfera estadual**, investidos desse poder são os deputados estaduais. O local onde se reúnem para elaborar as leis estaduais é a Assembleia Legislativa, presente em cada um dos 26 estados brasileiros.

O **Distrito Federal**, por sua vez, tem peculiaridades. Embora seja a sede do governo federal – Brasília –, seus habitantes demandam serviços públicos como em qualquer outra localidade. Contudo, por não ser um município nem um estado-membro, exige nomenclatura própria. Portanto, os representantes do Legislativo distrital são os deputados distritais. Eles editam leis de abrangência limitada ao Distrito Federal. Essa atividade se assemelha à atuação dos vereadores, mas, como mencionado, tem terminologia particular. Seu local de atuação é a Câmara Legislativa – denominação derivada da junção de Câmara Municipal e Assembleia Legislativa.

Nas esferas municipal, estadual e distrital, há uma câmara para cada esfera. Esse sistema é chamado de ***unicameral*** (Quadro 1.2).

## Quadro 1.2 – Sistema unicameral

| Esferas | Representantes | Local de atuação |
| --- | --- | --- |
| Municipal | Vereadores | Câmara Municipal |
| Estadual | Deputados estaduais | Assembleia Legislativa |
| Distrital | Deputados distritais | Câmara Legislativa |

Diferentemente, na **esfera federal** há duas casas legislativas – é o denominado *sistema bicameral* (Quadro 1.3). O Poder Legislativo federal, concentrado no Congresso Nacional, é composto pela Câmara dos Deputados e pelo Senado Federal.

Cabe aos deputados federais o papel de representantes da população, e aos senadores, a defesa dos interesses dos estados. O tempo de mandato também é diferente: quatro anos para aqueles e oito para estes. Estes últimos têm o mandato estendido para a continuidade na transição entre os governos.

## Quadro 1.3 – Sistema bicameral

| Representantes | Local de atuação | Tempo de mandato (anos) |
| --- | --- | --- |
| Deputados federais | Câmara dos Deputados | 4 |
| Senadores | Senado Federal | 8 |

Deputados federais e senadores têm em comum as atribuições próprias dos membros do Poder Legislativo, entre elas legislar sobre temas de interesse nacional, fiscalizar a aplicação de recursos públicos e aprovar o orçamento.

### 1.2.5.2 Poder Judiciário

Quando conflitos de interesse de qualquer espécie não podem ser solucionados pelas partes envolvidas, transfere-se o poder de decisão ao Poder Judiciário. Para isso, esse poder é organizado

Direito e Estado

de modo que atenda às necessidades dos envolvidos de acordo com o tipo de problema demandado. Por exemplo, uma questão que envolve a relação entre um empregado e seu empregador deve ser levada à apreciação da Justiça do Trabalho. A Justiça brasileira pode ser dividida em Justiça comum e Justiça especializada. A Justiça estadual e a Justiça federal integram a **Justiça comum**, sendo seus representantes, respectivamente, o juiz de direito (ou juiz estadual) e o juiz federal. A **Justiça especializada** é composta pelas Justiças do Trabalho, Eleitoral e Militar, representadas pelo juiz do trabalho, pelo juiz eleitoral e pelo juiz militar.

## Quadro 1.4 – Justiça comum e Justiça especializada

| Justiça comum | | Justiça especializada | | |
| --- | --- | --- | --- | --- |
| Justiça estadual | Justiça federal | Justiça do Trabalho | Justiça Eleitoral | Justiça Militar |

Nesse cenário, é possível constatar que os juízes representam o Poder Judiciário em sua atuação nos municípios. A solução do conflito proferida pelo juiz, chamada de *sentença*, tem força de lei entre as partes. Proferida a sentença, as partes vencedora e perdedora devem respeitá-la, cumprindo o que foi determinado. No entanto, quando uma das partes não concorda com a decisão do juiz, desde que haja embasamento e que se respeite o prazo previsto em lei, ela pode solicitar que outra autoridade revise essa decisão. Tal medida denomina-se *recurso*. A autoridade revisora desse recurso são os desembargadores, que atuam nos tribunais estaduais, conforme a matéria. O Quadro 1.5 indica a autoridade competente para julgar os recursos quando estes são admitidos.

## Quadro 1.5 – Autoridade julgadora do recurso

|  | Justiça comum || Justiça especializada |||
|---|---|---|---|---|---|
|  |  |  |  |  |  |
| **Esfera estadual** | Tribunal de Justiça (TJ) | Tribunal Regional Federal (TRF) | Tribunal Regional do Trabalho (TRT) | Tribunal Regional Eleitoral (TRE) | Tribunal Militar (TM) |
| **Esfera municipal** | Justiça estadual | Justiça federal | Justiça do Trabalho | Justiça Eleitoral | Justiça Militar |

No âmbito municipal, os órgãos que compõem o Poder Judiciário designam-se *órgãos de primeira instância*. No âmbito estadual, os tribunais são denominados *órgãos de segunda instância*. No âmbito federal, encontramos uma linha hierarquicamente superior aos tribunais estaduais: é a chamada *terceira instância*, ocupada pelos tribunais superiores. Estes julgam recursos de decisões proferidas pelos tribunais estaduais. Portanto, existe a possibilidade de que mais de uma autoridade revise uma ação judicial.

Na esfera municipal, há os juízes; na estadual, os desembargadores; na federal, os ministros. Importa observar que não existe relação entre os ministros dos tribunais superiores do Poder Judiciário com o ministro da Fazenda ou o ministro da Educação. Estes são participantes do Poder Executivo. Na Justiça comum, os recursos das decisões proferidas pelos tribunais de justiça e pelos tribunais regionais federais são julgados pelo Superior Tribunal de Justiça. Já na Justiça especializada, cada segmento tem seu próprio tribunal superior. Observe o Quadro 1.6.

## Quadro 1.6 – Organização do Poder Judiciário brasileiro

|  | Supremo Tribunal Federal (STF) ||||
|---|---|---|---|---|
| **Esfera federal** | Superior Tribunal de Justiça (STJ) | Tribunal Superior do Trabalho (TST) | Tribunal Superior Eleitoral (TST) | Superior Tribunal Militar (STM) |

*(continua)*

# Direito e Estado

*(Quadro 1.6 – conclusão)*

| | Supremo Tribunal Federal (STF) | | | | |
|---|---|---|---|---|---|
| **Esfera estadual** | Tribunal de Justiça (TJ) | Tribunal Regional Federal (TRF) | Tribunal Regional do Trabalho (TRT) | Tribunal Regional Eleitoral (TRE) | Tribunal Militar (TM) |
| **Esfera municipal** | Justiça estadual | Justiça federal | Justiça do Trabalho | Justiça Eleitoral | Justiça Militar |

Na ordem hierárquica do Judiciário, o topo é ocupado pelo STF, a última instância. Entre suas atribuições estão os julgamentos técnicos de alta complexidade, principalmente no que diz respeito à observância da CF/1988, bem como os julgamentos das infrações penais comuns do presidente da República, do vice-presidente e dos membros do Congresso Nacional.

## 1.2.5.3 Poder Executivo

A execução das leis e a implementação de novas que atendam às necessidades e aos interesses públicos são as funções primordiais do Poder Executivo. No sistema político brasileiro, esse poder é exercido, no âmbito federal, pelo presidente, seguido pelos governadores, no âmbito estadual, e pelos prefeitos, no âmbito municipal. O Distrito Federal, conforme suas peculiaridades, tem como chefe do Poder Executivo o governador distrital. Embora se tenha empregado o termo *governador*, sua função se assemelha à do prefeito municipal. Todos esses representantes são eleitos por voto direto para um mandato de quatro anos, admitindo-se a reeleição.

Com relação à **ordem sucessória**, na ausência do chefe do Poder Executivo por qualquer motivo – viagem, saúde, impedimento ou até mesmo morte –, o vice assume o cargo interinamente, ou seja, até que o chefe esteja apto a voltar a exercer suas funções, ou definitivamente, caso seu retorno não seja possível. Embora haja atribuições menores, esse é o principal papel do vice, eleito simultaneamente com o chefe do Executivo para essa função específica.

A legislação, acertadamente, prevê outras possibilidades para se dar sequência à linha sucessória, uma vez que também o vice pode estar impossibilitado de assumir sua posição. Para tanto, determina que os representantes do Legislativo e do Judiciário, nessa ordem, assumam a cadeira do Poder Executivo em tal situação.

Adotaremos o Poder Executivo federal para exemplificar: na falta do presidente, assume o vice-presidente. Em sua falta, assume o presidente da Câmara dos Deputados. Na sequência, o presidente do Senado Federal e, por fim, o presidente do STF.

O mesmo exercício ocorrerá nas demais esferas. Nos estados-membros, na falta do governador, segue seu vice-governador, seguido pelo presidente da Assembleia Legislativa e pelo presidente do TJ respectivo. Nos municípios, na falta do prefeito, assume o vice-prefeito, o presidente da Câmara Municipal ou o juiz de direito. Em todos esses casos, o vice tem legitimidade para permanecer, caso necessário, até o fim do mandato. Nosso país já vivenciou essa situação diversas vezes na história da República. Podemos relembrar dois casos que antecederam o de Michel Temer e Dilma Roussef: quando o vice-presidente Itamar Franco assumiu a presidência após o impedimento de Fernando Collor de Melo e, antes disso, José Sarney ocupou o lugar de Tancredo Neves, presidente eleito, porém morto antes de assumir.

Nas hipóteses em que o vice se encontre impossibilitado de exercer sua função, os representantes dos Poderes Legislativo e Judiciário ocupam interinamente a posição de chefe do Executivo e convocam novas eleições, uma vez que não foram eleitos para essa finalidade. Depois de eleito, o novo chefe do Poder Executivo assume o mandato pelo tempo que faltava para seu antecessor completá-lo, de modo que não se altere a sequência original de quatro em quatro anos. Suponhamos uma situação um tanto incomum em que o presidente e o vice-presidente morressem em um acidente, passado apenas um ano de seu mandato. O presidente da Câmara dos Deputados assumiria interinamente e convocaria novas eleições em caráter de urgência. Nesse exemplo, o novo presidente teria um mandato de três anos, tempo restante do mandato de seu antecessor.

# 1.3 Direito de família

Na formação da sociedade, a família constitui célula fundamental e seus valores representam a diversidade sociocultural do país. Ocupando reconhecida posição nas relações interpessoais, a instituição familiar é uma unidade central entre as políticas de assistência social e seu estudo à luz da legislação é essencial para o exercício da cidadania.

O Código Civil brasileiro – Lei n. 10.406, de 10 de janeiro de 2002 (Brasil, 2002) – é dividido em cinco grandes partes, uma delas reservada ao direito de família. Ele disciplina em segmentos próprios o casamento, a união estável e os regimes de bens entre os cônjuges. Ainda, define as relações de parentesco, o poder familiar, a filiação e a adoção, a questão dos alimentos, a tutela e a curatela.

## 1.3.1 Poder familiar e filiação

O *poder familiar*, terminologia consagrada pelo Código Civil vigente, substituiu a antiga expressão *pátrio poder*, que constava no Código Civil de 1916 (Brasil, 1916), criado a partir da designação latina *pater familias* do direito romano.

Nesse sentido, estabelece a CF/1988: "Art. 229. Os pais têm o dever de assistir, criar e educar os filhos menores, e os filhos maiores têm o dever de ajudar a amparar os pais na velhice, carência ou enfermidade" (Brasil, 1988).

O poder familiar abrange direitos e obrigações dos pais ou responsáveis legais em relação aos filhos com idade inferior a 18 anos, que consistem na observância da proteção integral dos interesses dos filhos. O planejamento familiar é de livre escolha do casal. Por disposição constitucional, todos os **filhos**, havidos ou não do casamento, ou ainda aqueles provindos da adoção, têm os mesmos direitos e qualificações, sendo proibidas quaisquer designações discriminatórias (CF/1988, art. 227, § 6°).

Sobre os filhos nascidos na **constância do matrimônio**, a lei civil estabelece uma ficção legal, com base na qual a paternidade é presumida nos casos previstos pelo art. 1.597 do Código Civil:

> Art. 1597. Presumem-se concebidos na constância do casamento os filhos:
>
> I – nascidos cento e oitenta dias, pelo menos, depois de estabelecida a convivência conjugal;
>
> II – nascidos nos trezentos dias subsequentes à dissolução da sociedade conjugal, por morte, separação judicial, nulidade e anulação do casamento;
>
> III – havidos por fecundação artificial homóloga, mesmo que falecido o marido;
>
> IV – havidos, a qualquer tempo, quando se tratar de embriões excedentários, decorrentes de concepção artificial homóloga;
>
> V – havidos por inseminação artificial heteróloga, desde que tenha prévia autorização do marido. (Brasil, 2002)

No âmbito da **reprodução assistida**, a fecundação artificial homóloga é aquela cujo material genético provém do marido, e a fecundação artificial heteróloga, ou adultério casto, diz respeito aos casos em que o material provém de um doador, normalmente inscrito em um banco de sêmen; daí a necessidade de autorização expressa do marido.

> **O poder familiar abrange direitos e obrigações dos pais ou responsáveis legais em relação aos filhos com idade inferior a 18 anos, que consistem na observância da proteção integral dos interesses dos filhos.**

Embriões excedentários são resultado de embriões não implantados no útero materno, sobras do processo de fertilização artificial.

Com o *registro de nascimento*, a filiação torna-se incontestável, exceto se existirem provas de erro ou falsidade no registro. Na falta ou por defeito do termo de nascimento, poderá provar-se a filiação, admitida uma grande amplitude de meios, nos termos do art. 1.605 do Código Civil.

A **adoção** é a única forma admitida por lei de alguém assumir como filho uma criança ou um adolescente nascido de outra pessoa. A adoção confere a condição de filho ao adotado e deve representar um benefício efetivo a ele (Simões, 2007). Ao se tornar filho, o adotado é desligado de qualquer vínculo com seus pais e parentes consanguíneos, com exceção dos impedimentos para casamento, ou seja, após ter sido adotado, este não poderia se casar, por exemplo, com sua irmã biológica.

Para a adoção conjunta, a lei estabelece que os dois adotantes devem estar casados ou em união estável, porém também garante que se, durante o processo de adoção, ocorrer o divórcio dos adotantes, estes ainda poderão adotar conjuntamente, desde que haja acordo sobre a guarda e o regime de visitas. Pessoas solteiras podem adotar, não fazendo a lei distinção entre solteiros e casados. Ambos são submetidos à avaliação psicossocial pela Vara da Criança e Juventude.

O Estatuto da Criança e do Adolescente (ECA) – Lei n. 8.069, de 13 de julho de 1990 (Brasil, 1990a) –, em seu art. 42, prevê que apenas pessoas com idade maior de 18 anos podem adotar. Se for um casal, um deles deve ter 18 anos. Além disso, o adotante deve ser 16 anos mais velho que o adotado.

O ECA também estabelece que avós não podem adotar seus netos nem um irmão pode adotar o outro, cabendo, nesses casos, a concessão de guarda ou tutela. O adotado deve manifestar sua concordância se tiver mais de 12 anos de idade. Antes disso, os pais ou representantes legais de quem se deseja adotar devem consentir, exceto casos em que a criança ou o adolescente tem pais desconhecidos ou destituídos do poder familiar.

## 1.3.2 Relações de parentesco

O parentesco estabelece uma relação que vincula pessoas, ultrapassando as razões hereditárias. O Código Civil diferencia várias formas de parentesco. Inicialmente diferenciemos os parentescos consanguíneo, civil e por afinidade.

O parentesco **consanguíneo** existe entre pessoas provenientes do mesmo tronco ancestral, do mesmo sangue, como pai e filho. Já o parentesco **civil** refere-se à relação determinada pela lei, como na adoção. E o parentesco **por afinidade** advém da relação que une a família de um cônjuge à do outro, como sogro e cunhado.

Também se classifica o parentesco em linha reta e linha colateral. Parentesco em **linha reta** é a relação entre ascendentes e descendentes, por exemplo, avô, pai, filho, neto etc. Já no parentesco em **linha colateral**, são parentes as pessoas provenientes do mesmo tronco ancestral, sem descenderem umas das outras. É o caso de tios, primos, sobrinhos (art. 1.591 e seguintes do Código Civil).

De acordo com o número de gerações, é feita a contagem de **grau de parentesco**. Desse modo, entre o pai e o filho, parentes consanguíneos em linha reta, conta-se um grau. Entre o neto e o avô, dois graus. Para os parentes por linha colateral, o processo é o mesmo, considerando-se um ancestral comum. Em relação a um primo, por exemplo, o ancestral comum é o avô (Código Civil, art. 1.592). Portanto, o primo é considerado parente em quarto grau. Apresentamos o esquema da Figura 1.2 para melhor explicar esse assunto.

## Figura 1.2 – Graus de parentesco

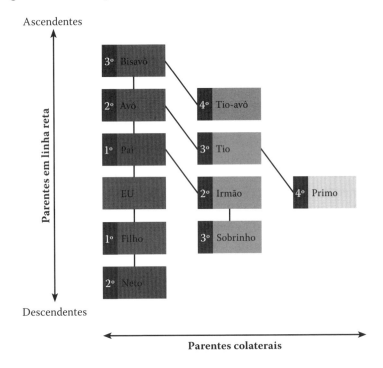

### 1.3.3 Tutela e curatela

A **tutela** (art. 1.728 e seguintes do Código Civil) atribui a uma pessoa civilmente capaz o poder de administrar e zelar pelos bens da criança ou do adolescente que esteja sem o amparo do poder familiar. O tutor deve **representar** ou **assistir** seu tutelado em todos os atos da vida civil.

Já a **curatela** serve para prestar a **assistência** e a **administração** dos bens de pessoas maiores, porém civilmente incapazes, sendo o curador um adulto capaz. Conforme o art. 84 da Lei Brasileira de Inclusão da Pessoa com Deficiência – Lei n. 13.146, de 6 de julho de 2015 (Brasil, 2015b) –, a curatela constitui medida protetiva extraordinária e funciona como ferramenta de promoção das garantias do cidadão em igualdade de condições com os demais sujeitos.

## 1.3.4 Casamento

O casamento, nos termos do art. 1.511 do Código Civil, estabelece a comunhão plena de vida, com base na igualdade de direitos e deveres dos cônjuges.

A **formalização** do casamento acontece mediante ato solene que se inicia com um processo preliminar denominado *habilitação de casamento*, ocasião em que se verifica se há impedimentos para sua realização, com **plena publicidade**. Homem e mulher devem manifestar sua vontade em estabelecer o vínculo na presença do juiz de casamento. O casamento religioso é equiparado ao casamento civil, desde que devidamente registrado nos moldes apropriados.

Nem todas as pessoas podem casar. A idade nupcial é de 16 anos, desde que os pais ou os representantes legais autorizem a união. Com a maioridade, a autorização é dispensada. Em casos excepcionais, a idade mínima de 16 anos poderá ser inobservada.

Também não podem casar, por exemplo, os legalmente impedidos, como ascendentes com descendentes, seja o parentesco natural, seja civil, os afins em linha reta (ou seja, sogro ou sogra), ainda que extinto o casamento que os tornou parentes, os irmãos, o adotado com o filho do adotante, bem como as pessoas já casadas.

São **direitos** e **deveres** de ambos os cônjuges a fidelidade recíproca, a vida em comum, no domicílio conjugal, a mútua assistência, o sustento, a guarda e a educação dos filhos e o respeito mútuo, devendo estes ser exercidos igualmente pelo homem e pela mulher, nos termos do art. 1.566 do Código Civil.

A direção da sociedade conjugal deve ser exercida por ambos, buscando a realização dos interesses do casal e de seus filhos. Não sendo possível uma composição, qualquer um dos cônjuges pode se socorrer do juiz a fim de solucionar suas divergências.

Com relação aos **bens** do casal, o Código Civil dispõe regras que se aplicam tanto aos bens antes do casamento quanto aos adquiridos depois. São quatro os regimes de bens:

1. **Regime de comunhão parcial** – Esse regime é a regra. Para os outros regimes, deve haver o chamado *pacto pré-nupcial*, mediante escritura pública no cartório de registro de imóveis. Na comunhão parcial, os bens que cada um possuía antes do casamento continuam sendo individuais, e os adquiridos durante o tempo em que o casal permanece casado é de ambos, não importando qual dos cônjuges comprou o bem ou pagou por ele, ainda que o item tenha sido registrado no nome de apenas um deles.

   Havendo dúvidas sobre a data da compra dos bens móveis, será presumido que foram comprados durante o casamento. Os bens imóveis não costumam apresentar esse tipo de problema, pois são objeto de um negócio formal, realizado em cartório, e no documento referente consta a data exata da aquisição (art. 1.662 do Código Civil).

   São pertencentes a cada um os bens recebidos por doação ou por herança, durante o casamento, assim como um bem comprado com o dinheiro da venda de outro bem que era exclusivo (Código Civil, art. 1.660, III).

   Por exemplo, um cônjuge recebe R$ 200.000,00 pela venda de uma casa recebida por herança e, com esses recursos, compra outro imóvel. Se precisar desembolsar mais R$ 200.000,00 para a compra desse imóvel, sua mulher será possuidora de um quarto, pois concorreu com metade desses R$ 200.000,00. Dessa forma, 75% do imóvel pertencerá ao marido, e 25%, à mulher.

   O mesmo ocorre com os financiamentos iniciados antes do casamento, em que o saldo continua sendo pago depois de casados. O montante correspondente ao que foi pago anteriormente pertence exclusivamente àquele cônjuge; ao casal, pertence o que foi pago durante o casamento.

Ainda, o inciso III do art. 1.660 do Código Civil estabelece que pertencem aos dois, em comum, as benfeitorias e os frutos referentes aos bens particulares de cada um deles.

2. **Regime de comunhão universal** – Nesse regime, todos os bens que marido e mulher possuem antes de casar passam a pertencer aos dois, inclusive tudo o que for comprado e recebido em doação ou por herança. Exceções são: os bens doados ou herdados com a cláusula de incomunicabilidade e as dívidas anteriores ao casamento (Código Civil, art. 1.668).

3. **Participação final nos aquestos** – É um regime não usual, com diversas peculiaridades. Contém elementos da separação de bens e da comunhão universal. Nesse regime, cada um dos cônjuges detém seu patrimônio individualmente, sem misturar, formado pelo que já possuía ao casar e pelo que foi adquirido durante o casamento. Com o fim do casamento, por morte, separação ou divórcio, os bens adquiridos durante o casamento passam a ser comuns aos dois, devendo ser feita a divisão em partes iguais (Código Civil, art. 1.674). Em suma, durante o casamento é como se vivessem no regime da separação total dos bens e, ao fim da sociedade conjugal, há a comunhão universal.

4. **Regime de separação de bens** – Adotado esse regime, os bens não se comunicam. Continuam, após o casamento, exclusivos a cada um dos cônjuges, incluindo bens recebidos por doação ou herança. Contudo, a lei impõe que ambos contribuam na proporção dos respectivos rendimentos na manutenção das despesas a menos que, no pacto antenupcial, optem por outra solução.

Ainda sobre o casamento, o art. 1.569 do Código Civil prevê que o **domicílio** do casal deve ser escolhido por ambos, podendo um ou outro se ausentar para o exercício de sua profissão, para atender a encargos públicos e a interesses particulares relevantes.

## Síntese

A compreensão da ciência jurídica depende do conhecimento de sua base. Neste capítulo, esclarecemos que o direito objetivo refere-se às normas impostas às pessoas, como as leis, e o direito subjetivo diz respeito à possibilidade que o indivíduo tem de exercer seus direitos. O direito positivo, por sua vez, é o escrito, legislado, diferentemente do direito natural, que se refere às regras abstratas (assemelha-se aos costumes). O direito nacional abrange as regras válidas para indivíduos de um país, e o direito internacional serve para relações que surgem entre os países e entre seus nacionais. Ambos podem ser divididos em direito privado, dito assim quando regem relações pessoais, ou direito público, quando envolvem essencialmente interesses coletivos. Analisamos a organização político-administrativa dos países que formam o mundo atual. Particularidades históricas, políticas e sociais inerentes a cada Estado fizeram com que, por exemplo, ao longo dos anos, houvesse na Inglaterra uma rainha no poder, no comando de Cuba, um ditador e, no Brasil, um presidente eleito por voto direto. Abordamos as formas e os sistemas de governo atuais, bem como suas combinações, de modo a compreender sistematicamente o que vige no Brasil. Além disso, constatamos que não é possível estabelecer o grau de desenvolvimento de um país exclusivamente em razão do sistema de governo adotado, uma vez que podemos citar Estados com altíssimo nível de desenvolvimento em cada um dos modelos aqui explanados, como Japão, que ainda hoje é representado por seu imperador; Alemanha, um exemplo de república parlamentarista; e os Estados Unidos da América, com o presidencialismo republicano. Do mesmo modo, se não é possível eleger um sistema universal como modelo definitivo, a falta de adequação entre o sistema vigente e a forma de organização do Estado pode ter consequências negativas. A ampliação do conhecimento e de bases científicas de questões relacionadas ao tema aprimora o desenvolvimento de ideias e de soluções positivas para seu funcionamento.

No que tange ao direito de família, verificamos que, em suma, parentesco é a relação que une duas ou mais pessoas por vínculo consanguíneo ou social, como a adoção. No parentesco em linha reta, descendem umas das outras, como pai e filho; em linha colateral, há um ancestral em comum, como tios e primos.

A adoção, não obstante as especificidades exigidas para a formalização do ato, atribui condição de filho, tal qual o consanguíneo, ao adotado. Também estabelecemos a distinção entre tutela (proteção de menores) e curatela (proteção de maiores, porém, sem condições de fazê-los por conta própria).

Ainda sobre o direito da família, explicamos que pessoas também se unem por meio do casamento. Dessa relação, os envolvidos decidem a questão dos bens materiais pela junção de tudo o que foi adquirido em conjunto ou pela individualização, na forma de separação, seja parcial, seja total.

## Questões para revisão

1.  No regime parlamentarista, diferentemente do presidencialismo, as funções de chefe de Estado e chefe de governo são exercidas por autoridades diferentes. O chefe de Estado tem a função de ser o representante maior do Estado, figura associada à participação cerimonial em festas e outros eventos para autoridades dentro e fora de seu país, e o chefe de governo essencialmente exerce a Administração Pública. No Brasil, a chefia de Estado, em razão do regime presidencialista, é exercida pelo:

    a)  primeiro-ministro, escolhido entre os membros do Congresso Nacional.

    b)  presidente da República, quando pratica atos protocolares em programas humanitários internacionais.

    c)  presidente da Câmara dos Deputados, em sua relação estreita com o Congresso Nacional.

    d)  presidente da República, responsável pela definição das políticas públicas.

Direito e Estado

**2.** O conceito de *federação* nasceu com a constituição dos Estados Unidos da América após a declaração de independência das 13 colônias britânicas na América. O Brasil, optante do modelo de federação, após o desmembramento da porção norte do estado de Goiás em um novo estado, o Tocantins, tem hoje 27 unidades federativas (26 estados-membros e o Distrito Federal). Nesse contexto, a federação brasileira:

a) embora tenha sido constituída como uma república federativa, tem centralização política ao não conferir aos estados-membros autonomia legislativa.

b) foi formada por agregação, nos moldes do conceito originário de federação, ao incluir novos estados-membros ao longo da história.

c) difere do modelo de constituição norte-americano, por ter sido criada pela divisão em unidades federativas.

d) não tem relação com o modelo federativo norte-americano, embora tenha sido constituído por agregação.

**3.** Com relação à organização do Estado, assinale a alternativa correta:

a) No sistema presidencialista, a existência de um presidente não é condição obrigatória.

b) Toda monarquia pressupõe a composição de um parlamento.

c) A eletividade periódica é uma característica de regimes democráticos.

d) Independentemente do sistema de governo, todo presidente eleito acumula as funções de chefe de Estado e chefe de governo.

**4.** No casamento, qual é o regime de bens adotado como regra no Brasil?

**5.** O regime de bens de participação final nos aquestos ainda é juridicamente válido?

# Questões para reflexão

1. Considerando as fontes do direito, você acredita que os costumes podem tornar-se leis?

2. As regras sobre os regimes de bens no casamento também são válidas para a união estável?

# Para saber mais

DALLARI, D. de A. **Elementos de teoria geral do estado.** 33. ed. São Paulo: Saraiva, 2016.

*Dalmo de Abreu Dallari, notório jurista brasileiro, trata pormenorizadamente dos conceitos vistos neste capítulo, entre outros de igual importância. A abordagem é didática e o conteúdo é altamente recomendável a todos que desejam ampliar os conhecimentos sobre o tema.*

KELSEN, H. **Teoria pura do direito.** 8. ed. São Paulo: M. Fontes, 2009.

*Para o aprofundamento do tema, recomendamos a leitura dessa obra clássica, de 1934, escrita pelo jurista e filósofo austríaco Hans Kelsen, um dos mais importantes e influentes estudiosos do direito.*

SIMÕES, C. **Curso de direito do serviço social.** 7. ed. São Paulo: Cortez, 2014.

*Indicamos a obra de Carlos Simões como fonte de consulta, tendo em vista sua abrangência, de forma sistemática e completa, da legislação brasileira sobre assistência social e direito de família.*

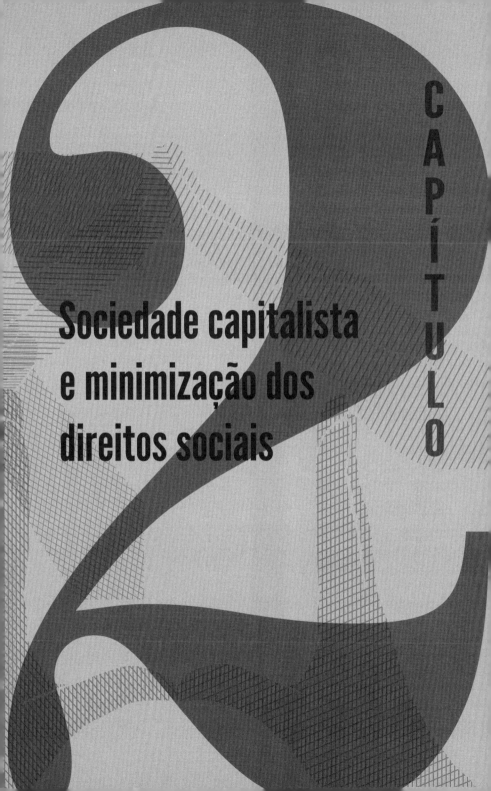

# CAPÍTULO 2

# Sociedade capitalista e minimização dos direitos sociais

## Conteúdos do capítulo:

- Cidadania e serviço social no Brasil.
- Sociedade capitalista e minimização dos direitos sociais.
- Conceito de Estado.
- Estado de direito.
- Estado mínimo, questão social e políticas sociais.
- Breve perspectiva histórica da cidadania no Brasil.
- A Constituição Federal de 1988 e o fortalecimento da cidadania.

## Após o estudo deste capítulo, você será capaz de:

1. contextualizar historicamente a cidadania no Brasil, tendo como base o conceito de *Estado* e as questões e políticas sociais;
2. analisar criticamente a questão da cidadania e seu fortalecimento após a promulgação da Carta Magna brasileira.

# 2.1 Desenvolvimento inicial da sociedade capitalista

> *"Como um rio, aceitar as súbitas ondas feitas*
> *de águas impuras*
> *Que afloram às escondidas a verdade*
> *das funduras..."*
> Thiago de Mello

Para compreender a sociedade capitalista desde sua origem até os dias atuais, é importante enfatizar como aconteceu sua evolução, que teve início na Europa Ocidental, com o surgimento das máquinas e o desenvolvimento da tecnologia, gerando desemprego em massa. Nesse momento histórico, iniciou-se a emancipação política da sociedade, uma vez que esta começou a exercer a cidadania de forma soberana.

> O conceito de Estado indica e descreve um padrão específico de ordenamento político que começou a adquirir corpo a partir do século XVIII, com a expansão urbana e comercial; desenvolveu-se com conflitos entre Igreja, baronato, suseranos feudais, monarcas e burguesia mercantil em torno da unificação de estrutura de poder territorialmente fragmentadas e da aplicação de regras de direito válidas para todos os habitantes. (Faria, 2002, p. 17)

Com a emancipação, ocorreu a consagração da soberania, a qual se fortaleceu ainda mais no século XIX, período em que ganhou suas características institucionais no que se refere à questão legal e demais burocracias pertinentes à época.

Assim, Faria (2002) afirma que a **solidez do Estado** estava intrinsecamente ligada à **soberania** e que esse poder era independente. Esse entendimento demonstra, portanto, o poder da soberania e sua importância para a formação de um Estado livre, cujo povo pode efetivar e garantir seus direitos. Contudo, é importante notar que:

> Uma das facetas mais conhecidas desse processo de redefinição da soberania do Estado-nação é a fragilização de sua autoridade, o exaurismo do equilíbrio dos poderes e a perda de autonomia de seu aparato burocrático, o que é revelado pelo modo como se posiciona no confronto entre os distintos setores econômicos (sejam eles públicos ou privados) mais diretamente atingidos, em termos positivos ou negativos, pelo fenômeno da globalização. (Faria, 2002, p. 24)

Fica evidente, nesse excerto, que existe uma fragilidade na soberania na maioria das sociedades vinculadas ao sistema capitalista, deixando à margem muitos sujeitos que sofrem com a ausência de um Estado de direito.

Para Faria (2002, p. 331), é importante a reflexão crítica e analítica acerca de toda a ciência do direito para superar o dogmatismo, pois "é justamente esse o motivo pelo qual [...] o pensamento jurídico está vivendo um período de exaustão paradigmática, obrigado que foi, pelo fenômeno da globalização econômica, a despertar do sono da dogmática e enfrentar o desafio de reflexões inéditas".

O **capitalismo** atingiu o mundo com a reprodução de sua ideologia dominante e gerou, nas camadas mais pobres, a miserabilidade e, ao mesmo tempo, a ascensão cada vez maior dos capitalistas, garantindo sua perpetuação como modelo de regulação social.

O Estado começou a intervir na amenização dos conflitos sociais existentes. Contudo, para atender aos anseios capitalistas, deixou a população cada vez mais à margem da sociedade, principalmente com a passagem do **Estado de direito** para o **Estado mínimo** – este visa apenas ao crescimento econômico, diminuindo os investimentos nas políticas sociais que atendem às classes subalternas.

Ao iniciar a construção deste capítulo, perseguindo nosso objeto – que teimosamente se insere em questões que dependem de um entendimento amplo do **papel da cidadania** em nossa realidade social –, percebemos que, para nos apropriarmos desse conhecimento, devemos contextualizar a história da sociedade brasileira antes da implementação da Constituição Federal (CF) de 1988 (Brasil, 1988). Isso porque, segundo Quiroga (1991, p. 64): "a necessidade de conhecimento dessa sociedade vem junto com a necessidade de transformá-la". Para tanto, é preciso pensar imediatamente sobre as questões mais amplas, a fim de compreender a sociedade brasileira sob a égide do sistema capitalista. Por meio de um breve resgate histórico, constatamos que o capitalismo teve suas raízes na Europa Ocidental, entre os séculos XV e XVIII. Para Singer (1987, p. 14): "É a partir desse momento histórico que surgem as nações modernas, politicamente dominadas pelo poder nacional e economicamente unificadas pela abolição das barreiras ao comércio interno e pela abolição das moedas e medidas locais".

As sociedades sob os moldes capitalistas estavam pautadas pela **produção** e pelo **consumo de mercadorias**; precisavam atender às expectativas da **demanda**, que foram criadas graças a uma estrutura ideológica que sustentava o pensamento capitalista. Existia, ainda, a necessidade de aumentar a produtividade

> **A era das máquinas contribuiu para a ascensão da sociedade burguesa e capitalista ao poder e, com o tempo, para o fim do feudalismo, garantindo, assim, a transição para a sociedade capitalista de forma tranquila.**

e, para que isso fosse possível, a tecnologia de produção teve de ser aprimorada. Para tal propósito, muitas máquinas foram inventadas, gerando um alto índice de desemprego. Esse processo ficou conhecido como *Revolução Industrial* (iniciada na Inglaterra em 1750), cujo grande marco foi a invenção da máquina a vapor. A era das máquinas contribuiu para a ascensão da sociedade burguesa e capitalista ao poder e, com o tempo, para o fim do feudalismo, garantindo, assim, a transição para a sociedade capitalista. Foram, pelo menos, três séculos de transição e uma revolução que durou cerca de cem anos num processo influenciado pelo poder ideológico das ideias iluministas.

A sociedade capitalista da época apresentava um avanço rápido de desenvolvimento técnico e um crescimento de pequenas empresas com maior ausência do Estado em suas negociações.

Com a crescente industrialização, as cidades começaram a aumentar demograficamente diante do grande êxodo rural que ocorreu nesse período. Atendendo ao chamado das indústrias, as famílias deixaram o meio rural em busca de uma condição melhor de vida. No entanto, as cidades não ofereciam nenhuma infraestrutura de habitação ou saneamento básico para receber os migrantes.

As condições de trabalho nas indústrias eram péssimas. Os trabalhadores não tinham direitos e não dispunham de nenhuma forma de idealização trabalhista. Havia exploração de mulheres e crianças, obrigando-os a trabalhar até 16 horas por dia, sempre com salários baixos e inferiores aos dos homens. O operário devia adaptar-se às exigências de seu local de trabalho, sempre respeitando as ordens dos donos das indústrias.

Na **Segunda Revolução Industrial**, ocorrida entre 1850 e 1950, as invenções, a aceleração de produção e o processo de industrialização se acentuaram. Com eles, as condições dos trabalhadores também pioraram exponencialmente. O proletariado, diante dessas dificuldades, revoltou-se contra as máquinas, alegando serem elas as culpadas por tanta miséria.

Isso aconteceu por volta da década de 1830, período em que se iniciou o movimento social inglês conhecido como *cartismo*, que tinha como objetivo a inclusão política do proletariado. Esse estrato social organizou-se por meio de sindicatos para solicitar melhorias de trabalho, entre outros direitos, dando origem à **luta de classes**.

Como afirma Singer (1987, p. 40), "A partir dessa época, o Estado passou a regular a conjuntura econômica, através de políticas fiscais e creditícias. Graças a essa regulação, denominada de 'anticíclica', o capitalismo conheceu o seu mais longo período de prosperidade".

> É possível afirmar que a característica principal do capitalismo foi a separação do capital e do trabalho, relação que "coisifica" o homem, reduzindo-o a mera mercadoria.

O Estado iniciou uma relação harmônica com o capitalismo, começando a apoiar as empresas em seu desenvolvimento, baixando juros e proporcionando facilidade de créditos para a entrada de empresas multinacionais, contando com a participação de um **movimento operário** forte, que marcava a nova era do capitalismo.

# Serviço social, direito e cidadania

A Revolução Industrial foi um processo de mudanças sociais e econômicas, principalmente na redução do Estado no controle do trabalho de mercado e nos comércios interno e externo.

O princípio **laissez-faire** ("deixar-fazer") norteou o desenvolvimento do capitalismo liberal e seu principal objetivo foi diminuir a intervenção do Estado no mercado econômico.

Nesse sistema, duas classes sociais, a **burguesia**, formada por proprietários dos instrumentos de trabalho, e a **classe operária**, que vende sua força de trabalho em troca de um salário. Conforme afirma Quiroga (1991, p. 61),

> É justamente neste ponto que se encontra a contradição básica do capitalismo, ou seja, a produção social e a apropriação privada do excedente, pois, com isso, os meios de produção e o próprio produto resultado do trabalho individual foram perdendo valor, levando, assim, o pequeno produtor a assalariar-se junto ao capitalista.

A classe burguesa, por não contar com influência no governo, pretendia ter um poder político que correspondesse à sua destacada posição econômica, pois isso era necessário para garantir sua hegemonia.

O sistema capitalista que oprime e explora a população tem maneiras de manter o *status quo*. O segredo está na inversão da relação de produção.

> A essa inversão da relação que aparece como se fosse entre coisas mas que ocorre, verdadeiramente entre pessoas, Marx chamou de feitichismo, [...] É através desse fetiche, desse véu que recobre a compreensão do processo de produção que o sistema capitalista perpetua sua dominação. O fetiche envolve todas as formas que toma essa ligação entre pessoas encobre o verdadeiro significado, do capital, ofuscando a visão da fonte de lucro e da riqueza. (Quiroga, 1991, p. 66)

É possível afirmar que a característica principal do capitalismo foi a separação do capital e do trabalho, relação que "coisifica" o homem, reduzindo-o a mera mercadoria.

O capitalismo necessita da **força de trabalho** para a expansão de seu mercado. Para tanto, dita as regras a serem seguidas, controlando todos os meios de produção e pagando ao trabalhador apenas um salário para manter e reproduzir a força de trabalho.

Segundo Karl Marx, em uma "sociedade capitalista, todo meio de produção serve de capital, porque acarreta a seu possuidor, devido ao trabalho assalariado, a **mais-valia**, estabelecendo dessa maneira as relações entre operários e a classe dominante" (Marx, citado por Bottomore, 1970, p. 138, grifo nosso).

Todo esse processo gerou, ao longo do tempo, uma série de conflitos que se acirraram sensivelmente e aumentaram a **exclusão social**.

No século XX, iniciaram-se diversas **transformações políticas e culturais** no mundo inteiro. Isso ocorreu, em grande parte, em virtude da insatisfação dos trabalhadores, os quais reivindicavam melhorias nas condições de trabalho e discordavam das atividades mecânicas desenvolvidas nas indústrias.

Essa fase gerou uma queda da lucratividade mundial, porque o valor do salário era mais alto e o campo de trabalho estava completo, provocando a redução da acumulação.

Com esses acontecimentos, Estados Unidos, países da Europa e Japão tiveram seus mercados liberados, tornando suas economias interdependentes e aceitando cada vez mais a importação cada vez maior de determinados produtos e exportando o restante.

No Brasil, a Revolução Industrial ocorreu somente em 1930, quando o então presidente, Washington Luís, foi destituído e substituído por Getúlio Vargas. Uma das causas principais dessa revolução foram as influências sofridas pela crise de 1929, iniciada nos Estados Unidos, que prejudicou profundamente nossa economia cafeeira.

Os anos de 1930 a 1970 foram de expansão na economia, pois o capital industrial teve como base o **taylorismo** e o **fordismo**. Esse período ficou conhecido como *anos gloriosos*, marcando "a expansão da sociedade capitalista, sob a liderança do capital industrial, apoiada em uma organização da produção de bases tayloristas e fordistas, como estratégias de organizações e gestão do processo de trabalho" (Iamamoto, 2001, p. 29).

Com a depressão capitalista, adotou-se no Brasil uma política de monopólio interno de mercado, incentivando a abertura da indústria brasileira. Contudo, esse crescimento industrial foi lento, tendo em vista a inserção tardia do sistema capitalista no país. O governo federal incentivou o ingresso de empresas estrangeiras. A história do capitalismo faz parte de nossa história:

> A passagem da economia colonial à economia exportadora capitalista não é incompreensível sem tomarmos em conta tanto a emergência do capitalismo industrial quanto a transição do capitalismo competitivo ao monopolista [...] o capitalismo industrial valeu-se da periferia para rebaixar o custo de reprodução tanto da força de trabalho quanto dos elementos componentes do capital [...] ademais, dela se serviu quer com o mercado para sua produção industrial quer com o campo de exportação de capital financeiro, e, mais adiante, produtivo. (Mello, 1988, p. 176-177)

Na atual conjuntura, em pleno século XXI, é possível notarmos a expansão do **mercado globalizado**, com a tecnologia tomando conta do mundo. Por meio dessa ampliação, ocorre novamente um aceleramento de desemprego, por falta de força de trabalho capacitada ou pelo fato de as vagas de trabalho já estarem ocupadas.

Destarte, a exclusão social é muito grande, afetando a classe média e refletindo em grande expansão das camadas populares, que enfrentam uma elevada competição no mercado informal, o qual se tornou um dos principais meios de sua subsistência. Essa exclusão atinge também a formação educacional, porque as famílias de camadas populares recebem um rendimento mensal baixíssimo e, por isso, muitas vezes, não têm acesso à educação formal de qualidade.

No Brasil, a exclusão de trabalho formal e a exclusão social atingem grande parcela da sociedade, a qual, muitas vezes, é tratada como invisível, pois há pouca responsabilidade com o oferecimento de políticas públicas que garantam os direitos fundamentais desses cidadãos.

## 2.2 Conceito de *Estado*

A sociedade originou-se de pequenos grupos, como a família e a igreja. No decorrer do processo, o homem começou a organizar-se em grupos diferenciados, ordenados por ele mesmo, com finalidades religiosa, econômica e cultural, formando, assim, um tipo de sociedade. Essa organização dos homens visava a objetivos comuns, os quais seriam alcançados dependendo da estruturação dos indivíduos em grupo. O homem, então, começava a sentir a necessidade de formar uma estrutura organizacional que pudesse satisfazer todos os indivíduos.

No desenrolar da história, o Estado assumiu, entre outros, o papel de reforçar o fato de que o homem, mesmo antes de nascer, já pertence a uma sociedade estabelecida por normas. Nesse contexto, podemos afirmar que o Estado rege os aspectos políticos, culturais e econômicos de uma sociedade, esta caracterizada como uma ampla estrutura organizada por pessoas de direitos e deveres. Cabe ao Estado propor ações que minimizem os efeitos do capitalismo sobre a população, devendo executar seu **papel de efetivador de políticas públicas**.

Para Azambuja (1973), o **Estado moderno**, em resumo, pode ser compreendido como uma organização que tem viés político e jurídico e que busca concretizar o bem comum.

## 2.3 Estado de direito

O Estado de direito baseia-se na liberdade humana, na participação dos indivíduos integrantes de determinada sociedade nas decisões políticas que lhes concedam o exercício da dignidade humana e, principalmente, no direito à igualdade e à democracia.

> Sociedade democrática é aquela na qual ocorre real participação de todos os indivíduos nos mecanismos de distribuição da renda, mas sobretudo níveis crescentes de coletivização das decisões, principalmente nas diversas formas de produção. (Vieira, 1992, p. 13)

Essa forma de organizar o Estado respeita a decisão dos grupos sociais, e não individuais. As leis devem ser formuladas em conformidade com os preceitos constitucionais, por um órgão eleito pela maioria do povo, representando de forma clara e significativa as vontades da população de maneira geral.

> Um Estado de Direito também pressupõe a separação de poderes que é, antes de tudo, a distribuição de funções e de competência [...] a criação de leis cabe ao poder legislativo e [...] sua aplicação pertence às atividades do poder executivo e do poder judiciário. Parlamentos, assembleias nacionais ou congressos são câmaras para onde convergem os conflitos decorrentes de interesses contraditórios da sociedade. (Vieira, 1992, p. 10)

A existência do Estado de direito depende do funcionamento das leis, que devem garantir a democracia, respeitar cada ser humano individualmente e priorizar as reivindicações de melhoria propostas pela grande massa. Para tanto, é imprescindível a participação dos indivíduos no desenvolvimento – econômico, cultural ou social – da sociedade.

> A diferença básica entre concepção clássica do liberalismo e a do Estado do Bem-Estar é que, enquanto naquela se trata tão somente de colocar barreiras ao Estado, esquecendo-se de fixar-lhe também obrigações positivas, aqui, sem deixar de manter as barreiras, se lhe agregam finalidades e tarefas às quais antes não se sentia obrigado. A identidade básica entre Estado de Direito e Estado de Bem-Estar, por sua vez, reside em que o segundo toma e mantém do primeiro o respeito aos direitos individuais e é sobre esta base que constrói seus próprios princípios. (Gordillo, citado por Araújo; Nunes Júnior, 2004, p. 78)

O **Estado de bem-estar social** – também conhecido por sua denominação em inglês, *Welfare State* – objetivava a viabilização de políticas que garantissem **direitos trabalhistas** e direitos básicos, com vistas a uma condição de vida adequada ao trabalhador por meio do **pleno emprego**.

Embora tivesse – e ainda tenha – influxo amenizador com os donos de produção, visto que estes estão sujeitos à interferência no desenvolvimento econômico e na contratação da força produtiva para suas empresas, o Estado também mantinha relação harmônica com os partidos socialistas.

Entre as décadas de 1970 e 1980, em uma sociedade divergente, os **partidos socialistas** estavam à frente da organização das **lutas operárias**, com perfil transformador e ações nacionais e internacionais. Conforme Laurell (1995, p. 93): "Grã-Bretanha, França, Alemanha, Estados Unidos, Holanda, no decorrer do tempo, aprovaram legislação relativa a direitos dos trabalhadores e sindicatos no local de trabalho, criaram marcos legais que regulamentaram as reivindicações dos sindicatos diante de prerrogativas da empresa".

Os capitalistas tomaram sérias medidas de racionalização de trabalho em resposta às conquistas alcançadas pela classe trabalhadora. Para adquirir novamente seu equilíbrio, organizaram estruturas novas e vêm obtendo êxito, principalmente em razão do avanço tecnológico, que acarretou a troca de vários trabalhadores por equipamentos.

A **desigualdade social** e a consequente **dominação** da classe capitalista sobre a classe trabalhadora, em um aspecto amplo, demonstram uma consolidação da repressão de liberdade no exercício de cidadania. Isso causou a diminuição e a desregulamentação da seguridade legal perante o trabalho, destacando a hegemonia de uma política descentralizadora.

O Estado, no **paradigma neoliberal**, atende ao desenvolvimento econômico, dissipando as relações sociais pela intervenção capitalista, que determina os mecanismos a serem seguidos. Com a crise crescente iniciada nos anos 1980, o *Welfare State* foi deixado de lado em razão do processo neoliberal, fundamentado unicamente na angariação de poder econômico, implementada no processo de acumulação, desconsiderando a organização de medidas políticas e sociais para satisfazer a população de acordo com sua demanda. Consoante afirma Laurell (1995, p. 167),

> as quatro estratégias concretas da implantação da política social neoliberal são o corte dos gastos sociais, a privatização, a centralização dos gastos sociais públicos em programas seletivos contra a pobreza e a descentralização. A privatização é o elemento articulador dessas estratégias, que atende ao objetivo econômico de abrir todas as atividades econômicas rentáveis aos investimentos privados, com intuito de ampliar os âmbitos de acumulação, e ao objetivo político-ideológico de remercantilizar o bem-estar social.

A **privatização** é um objetivo primordial do sistema neoliberal. Este só se viabiliza quando há rentabilidade e mudança considerável na política estatal.

O Estado de bem-estar social representa, para o regime liberal-democrata, a possibilidade de manutenção de sua estrutura, constituindo seu alicerce, uma vez que se propõe a equilibrar a relação entre os donos de produção e os direitos distributivos da classe trabalhadora. No contexto nacional, antes da CF/1988, existia o esvaziamento das políticas sociais, ou seja, o esquecimento da necessidade de minimizar as consequências das desigualdades sociais, as quais influenciavam sobremaneira a relação de equilíbrio de forças entre governos e governados. Após a promulgação da Constituição, começava a se firmar a consolidação dos direitos sociais.

## 2.4 Estado mínimo, questão social e políticas sociais

Em 1944, em países da Europa e da América do Norte, surgiu a proposta de implantação do Estado mínimo. Assim, ocorreu a **dispersão do mercado** sem a intervenção do Estado, alienando as decisões econômicas aos interesses neoliberais. O Estado, por sua vez, processava-se na não participação "no 'livre' jogo

Sociedade capitalista e minimização dos direitos sociais

econômico mercado (nem intervindo nas relações trabalhistas, nem controlando os preços dos produtos, nem regulando os salários, nem estabelecendo barreiras alfandegárias para importações, etc.)" (Montaño, 1997, p. 112).

Com a **não participação na economia**, o Estado restringiu-se a facilitar a livre negociação do mercado, impedindo, de alguma forma, que os trabalhadores tomassem parte da ação política e econômica do país, minimizando os conflitos sindicais, fortalecendo os donos de produção na intervenção da livre contratação das forças de trabalho e contribuindo para o impedimento da política democrática.

A privatização de empresas estatais – lucrativas, inclusive – representa a conversão do Estado a essa política neoliberal, perdendo sua autonomia e sua legitimidade. Segundo a maioria dos empresários, "o Estado não deve participar [...] na atividade econômica com empresas públicas [...] a proposta é passar às mãos privadas o que era de propriedade pública" (Montaño, 1997, p. 112).

Para o pensamento neoliberal, o Estado deve apoiar as reivindicações econômicas dos empresários com vistas a uma abertura maior do mercado, possibilitando o **crescimento do capital**. Para tanto, como mencionado, as empresas públicas devem manter uma relação harmônica com os empresários.

No lume dessa discussão, surgiram a questão social e as políticas sociais, as quais tiveram sua implementação por meio das mobilizações de trabalhadores do século XIX, que reivindicavam o reconhecimento dos direitos sociais e políticos.

Nesse cenário, a **questão social** passa a ser compreendida como "conjunto de expressões das desigualdades sociais engendradas na sociedade capitalista madura" (Iamamoto, 2001, p. 16). No entanto, é perceptível que a questão social, com o fortalecimento do capitalismo, fixa-se na luta da efetivação dos direitos sociais, do exercício pleno da cidadania e das políticas públicas.

Assim, os movimentos e as organizações sociais que visavam à emancipação social em prol de uma sociedade mais justa buscavam a "prevalência das necessidades da coletividade dos trabalhadores, o chamamento à responsabilidade do Estado e a afirmação das políticas sociais de caráter universal, voltadas aos interesses das grandes maiorias, condensando um processo histórico de lutas pela democratização da economia" (Iamamoto, 2001, p. 10).

As **políticas públicas**, tradicionalmente, exercem função catalisadora, na promoção do equilíbrio social via redistribuição de renda, com o intuito de compensar os sujeitos que não participam do processo econômico da sociedade. Fundamentam-se no **paternalismo**, subestimando os sujeitos no discernimento de sua realidade, em sua transformação dinâmica, submetendo-os à **alienação** da classe dominante e do poder estatal.

Conforme elucida Vieira (1992, p. 52), "A política social nasce assim da crítica à desigualdade social e espelha em suas origens a vigorosa pretensão humana da igualdade. No interior da democracia totalitária a denúncia à iniquidade entre os homens é o suporte indispensável da política social".

Nessa concepção, o Estado, de acordo com a **perspectiva social**, deve viabilizar planejamentos para possíveis ações sociais, atendendo, assim, à grande massa de cidadãos sem recursos, a fim de amenizar as desigualdades sociais geradas pelo sistema vigente.

Em síntese, as desigualdades existem em razão das funções acumulativas do sistema capitalista, fazendo nascer a necessidade de reequilíbrio e reinstituição social, com a elaboração e a execução de políticas sociais. "A expressão 'política social' não é um termo técnico com um significado preciso", mas pode ser "empregada sempre com referência à política dos governos relacionada à ação que exerça um impacto direto sobre o bem-estar dos cidadãos, ao proporcionar-lhes serviços ou renda" (Marshall, citado por Pastorini, 1997, p. 82).

Segundo Pastorini (1997, p. 97), na **perspectiva marxista**, a política social tem de ser pensada como demanda-outorgamento, ou seja, "as políticas sociais não podem ser pensadas como produto de uma relação unilinear, onde o movimento parta do Estado para a sociedade civil (concessão), ou vice-versa, da sociedade civil para o Estado (conquista), mas, pelo contrário é de luta entre diferentes setores sociais".

Sob esse ponto de vista, a luta de classes sempre existiu e tende a sempre estar presente na sociedade. Dessa forma, muitas vezes o Estado pode adiantar determinadas reivindicações realizadas pelas camadas subalternas da sociedade, evitando, assim, os conflitos sociais. Mesmo garantindo os interesses da classe dominante, o Estado pode atender às solicitações de benefícios ou serviços da classe subalterna com negociações já estabelecidas para o atendimento das demandas exigidas.

Compartilhando esse contexto histórico e analisando a realidade atual na sociedade, verificamos que o modelo de Estado não ampliou as ações na esfera social e seu papel em relação à questão social é de minimização de intervenções. Constata-se nessa análise que estratégias utilizadas não alcançaram, até o momento, transformação social capaz de garantir com equidade o princípio da dignidade humana à população.

Com a desregulação das políticas públicas, vigora a "coisificação" do homem no trabalho, o qual, para o sistema capitalista, é considerado apenas como mercadoria. Assim, instaura-se a **cidadania invertida**, valorizando o capital e minimizando os direitos sociais.

Segundo essa lógica, é possível afirmar que a desigualdade social na sociedade capitalista está longe de fazer valer a inclusão social, pois o que se observa é a monopolização de riqueza por uma pequena parcela da sociedade, enquanto a outra parcela segue na busca de sua ascensão social.

# 2.5 Breve perspectiva histórica da cidadania no Brasil

Para compreender toda a evolução histórica da cidadania no Brasil, primeiramente, precisamos refletir sobre o significado etimológico da palavra *cidadania*, ou seja, compreender a essência dessa palavra tão singular e importante para os indivíduos na sociedade.

*Cidadania* deriva do latim *civitas*, que significa "cidade", e sua origem revela muito sobre sua essência. De forma simplificada, é possível dizer que a palavra nada tem a ver com individualidade, porque ela faz jus ao todo, ou seja, ao coletivo. Ao analisarmos isso, podemos entender de forma ampla, porém rudimentar, o significado desse célebre termo.

Em suma, a cidadania pode ser definida como paridade, ou seja, **igualdade da coletividade**; em sentido amplo, refere-se ao princípio da **isonomia**[1]. Ela é o elemento que viabiliza a igualdade de direitos em uma sociedade, mesmo que apenas formalmente.

Entretanto, isso não basta para exemplificar a plenitude da cidadania e sua real efetividade para a coletividade. Não é possível conceituar a cidadania de forma unilateral, porque ela é ampla e abrangente. Vários estudos acerca do tema foram e estão sendo desenvolvidos, com o intuito de buscar alternativas para superar conceitos aparentes ou determinantes.

A cidadania pode ser dividida em formal e substantiva. É **formal** quando se refere à nacionalidade de uma pessoa e a seu pertencimento a uma nação. É **substantiva** quando se refere aos direitos civis, políticos e sociais.

> A cidadania pode ser definida como paridade, ou seja, igualdade da coletividade; em sentido amplo, refere-se ao princípio da isonomia. Ela é o elemento que viabiliza a igualdade de direitos em uma sociedade, mesmo que apenas formalmente.

Para isso, vale a pena mencionar Marshall, sociólogo britânico que conceituou *cidadania* por meio dos direitos civis (liberdade individual, pensamento, fé, propriedade e justiça), políticos (participação efetiva na política ou no poder político) e sociais (acesso

---

1 A isonomia é a igualdade de todos perante a lei. Refere-se ao princípio da igualdade previsto no art. 5º, *caput*, da CF/1988, segundo o qual todos são iguais perante a lei, sem distinção de qualquer natureza. Assim, de acordo com tal princípio, os méritos iguais devem ser tratados de modo igual, e as situações desiguais, desigualmente, já que não deve haver distinção de classe, grau ou poder econômico entre os homens (Angher; Siqueira, 2002).

às políticas públicas e condições econômicas para uma vida digna). Em 1949, o autor formulou estudo sobre o tema que até hoje constitui uma tipologia dos direitos da cidadania (Marshall, citado por Carvalho, 2002). Cabe ressaltar que esse papel embutido à cidadania ainda não traduz sua real importância. Isso porque ela se estende além dos conceitos estabelecidos e precisa fortalecer sua vocação, superando paradigmas e conferindo legitimidade para sua função, que está no cerne da efetivação de princípios constitucionais, como o da isonomia e o da dignidade da pessoa humana.

Diante do exposto, podemos afirmar que o fato de estar na base da lei não garante a efetividade da cidadania porque isso não proporciona alicerce para a cidadania substantiva, podendo ser considerada apenas letra da lei que reconhece os direitos, mas nada adianta se não for exercida. Os obstáculos em exercer uma cidadania plena advêm do fato de estarmos inseridos em uma sociedade excludente, para a qual o que mais importa é a mais-valia.

A sociedade capitalista demonstra dificuldade em harmonizar e fazer valer os direitos da coletividade. De maneira contraditória, a luta pela efetivação de direitos fundamentais clamados por uma maioria significativa sem poder econômico, mas com poder reivindicatório com seus pares tem buscado fazer a sociedade capitalista perceber que, sem a força de trabalho, ela não produz e, consequentemente, não lucra.

Há, ainda, um movimento do coletivo que busca **paridade** e **justiça social**. No Brasil, muitos movimentos agora se fortalecem por meios tecnológicos, muito diferente dos movimentos efervescentes do século passado.

O histórico brasileiro nos permite analisar criticamente o passado para construir a cidadania ou, ao menos, para entender esse conceito tão caro.

Remetendo-nos brevemente ao passado, no início do século XIX, podemos dizer que havia um entendimento diferenciado do que era *cidadão* e do que era *fidalgo*. Naquela época, cidadão era a pessoa que não tinha privilégios nem um papel ativo na sociedade, era considerado dependente ou subordinado da corte. Já o fidalgo era o nobre, detentor de privilégios e com papel ativo na corte.

Em 1822, começou a se constituir no Brasil uma nova configuração do papel do Estado. Os termos *cidadania* e *cidadão* passaram a figurar em debates e discursos políticos, atribuindo à nova concepção a relação das lutas para que todos os cidadãos pudessem ser reconhecidos pela corte de acordo com o estabelecido pela lei.

Com as lutas dos cidadãos para acessar seus direitos, surgiu uma nova reflexão acerca da ideia de Estado como república. Sob essa ótica, **cidadão** e **Estado** não estavam em lados opostos, mas juntos, e poderiam encontrar alternativas para atingir os mesmos objetivos em prol de uma sociedade igualitária.

Nesse diapasão, fica evidente que o novo significado de *cidadania* nada tem a ver com o regime monárquico, escravista ou autoritário. Entretanto, essa acepção estava fixada formalmente nos discursos políticos, mas longe de realmente estar efetivada.

Cabe frisar que o Brasil foi o último país da América a abolir a **escravidão** mercantilista, por meio da Lei Áurea, em 1888. Mesmo com a liberdade dos escravizados, o Estado não garantiu a eles o direito pleno de cidadão; ao contrário, os direitos eram reduzidos e os ex-escravizados sofreram todas as formas de violações de direitos civis, políticos e sociais. Somente um século depois da abolição da escravidão, por exemplo, com a Lei n. 7.716, de 5 de janeiro de 1989 (Brasil, 1989), o racismo passou a ser considerado crime. Isso mostra que os ex-escravizados, ainda que reconhecidos como cidadãos livres, viviam na invisibilidade, sem os direitos mínimos adquiridos.

Dando sequência à contextualização histórica, observamos que, em 1930, com as mudanças nos âmbitos sociais e políticos, por falta de acesso à cultura e à educação formal e por desconhecimento de seus direitos, os cidadãos viam as ações realizadas pelo Estado como favores e passivamente esse *status quo* perdurou por muito tempo, como nos conta a história.

Com a implementação do **regime militar** em 1964, o exercício da cidadania, que já era restrito, passou a ser repressivo, limitado e ordenado pelo governo militar. Nesse período, constatou-se a violação constante do direito privado e, não obstante a tentativa positivista da ampliação dos direitos sociais, no final desse regime, ampliaram-se as desigualdades sociais em todo o território nacional.

Em 1984, o povo se fortaleceu e se mobilizou pelas "**Diretas Já**", movimento aclamado de norte a sul do país. Esse período foi revestido pela forte mobilização popular e, até os dias de hoje, é considerado o maior movimento organizado pelo povo brasileiro.

Com a queda do regime militar, os direitos civis foram restaurados, mas ainda era notório que considerada parcela da população não tinha acesso a seus direitos por desconhecimento ou por omissão do Estado. Ainda hoje, muitos direitos civis continuam inacessíveis à maioria da população. "A pirâmide dos direitos foi colocada de cabeça para baixo" (Marshall, citado por Carvalho, 2002, p. 210).

**Nossa reflexão só demonstra que são inúmeros os desafios para usufruir da cidadania plena, para que negros, mulheres e outras minorias sejam definitivamente incluídos na sociedade.**

Outro aspecto que vale comentarmos é o das violações de direitos de gênero que aconteceram desde os primórdios da história humana. A **mulher** não era considerada cidadã e seu papel na sociedade se construiu de forma passiva. Ela garantiu seu direito ao voto somente no ano de 1946, mas continuava tendo outros direitos violados, sendo vítima de violência doméstica, impedida de exercer um papel ativo na vida pública e cerceada de sua liberdade para escolher sua história de vida. A família, a comunidade e o Estado ditavam as regras a serem seguidas por ela.

Somente em 1977, as mulheres passaram a ter direito ao divórcio, 31 anos após a coquista do direito ao sufrágio. Em 7 de agosto de 2006, por meio da Lei n. 11.340 (Brasil, 2006a), que recebeu o nome *Maria da Penha*, estão amparadas para conter a violência doméstica com o apoio do Estado.

Nossa reflexão só demonstra que são inúmeros os desafios para usufruir da cidadania plena, para que negros, mulheres e outras minorias sejam definitivamente incluídos na sociedade. É importante reconhecer que, na **democracia moderna**, a luta para ter seus direitos reconhecidos e efetivados é realizada diariamente

Serviço social, direito e cidadania

e, a cada conquista, surgem mais necessidades. Assim, as pessoas que antes estavam à margem ou na invisibilidade vão tendo voz e ação para que todos os dias sejam clamados seus direitos e para que possam realmente pertencer a uma sociedade que as reconheça como sujeitos de direitos.

Com o advento da CF/1988 até os dias atuais, é perceptível que caminhamos para uma nova modalidade de cidadania, aquela que pode ser ampliada, complementada com a relação entre os cidadãos, tendo como base a solidariedade.

Entretanto, nesse contexto, muitos direitos civis estão inscritos formalmente, mas ainda não estão efetivados e urge romper com essa situação para que a coletividade possa usufruir de sua cidadania. Esse cenário merece reflexão mais aprofundada.

É imprescindível compreender que, em uma sociedade capitalista, as pessoas estão imersas em suas funções de produção, mas precisam estar atentas para que o real sentido de cidadania não se torne algo distante, que provoque conformismo ou até medo das consequências possivelmente devastadoras, provenientes da decisão de romper com a exploração alienante imposta pelo sistema. Por isso, muitos cidadãos desconhecem a profundidade e a importância da cidadania, distorcem seu significado ou o atribuem apenas ao sufrágio.

O sistema capitalista não permite ao cidadão ser o protagonista; ele exige, de forma linear e exploratória, que o cidadão se curve a seus interesses escusos. No entanto, a CF/1988, ainda que sem empregar a expressão *cidadania*, conseguiu, de forma sublime, trazer à tona a importância da participação popular na política, o que viabilizou a consolidação da **dimensão horizontal**, em que é permitido ao cidadão colaborar com a elaboração, a aprovação e o desenvolvimento das políticas do Estado.

Vale ressaltar que o mundo passou por mudanças significativas e, após a Segunda Guerra Mundial, de forma contundente, foi aprovada a Declaração Universal de Direitos Humanos de 1948 (ONU, 1948) e referendada pela Conferência de

> **Muitos cidadãos desconhecem a profundidade e a importância da cidadania, distorcem seu significado ou o atribuem apenas ao sufrágio.**

Viena de 1993. A partir desse momento, foram validados os direitos humanos, abandonando-se as classificações de direitos que podem ser consideradas cartesianas.

Com a restauração da democracia brasileira, o país recepcionou os tratados aprovados para que à CF/1998 fosse incorporada de forma incontestável a garantia dos direitos humanos, rompendo com a história de um regime autoritário que desconsiderava a emancipação humana como ponto principal para a equidade social.

## 2.6 A Constituição Federal de 1988 e o fortalecimento da cidadania

A CF/1988 é muito importante porque reconhece e proclama oficialmente os direitos em todos os âmbitos. Assim, de forma incipiente e imediata, existiu a necessidade de escrever sobre a Carta Magna de 1988, a qual é reafirmada por muitos doutrinadores como *Constituição Cidadã*.

> Uma análise sistemática do texto constitucional palmilhou claramente o caminho do chamado estado do bem-estar social [...] a Constituição identificou como objetivos fundamentais da República, dentre outros, a construção de uma sociedade justa, a erradicação da pobreza e a redução das desigualdades sociais. Tais objetivos foram incorporados, ainda uma vez, pelas regras constitucionais da economia (arts. 17 e s.), que, por disposição textual, ficou jungida à valorização social do trabalho e à realização da justiça social. (Araújo; Nunes Júnior, 2004, p. 78)

Podemos afirmar que a CF/1988 tem um grande desafio: consolidar os direitos sociais, propiciando, na forma da lei, uma sociedade mais justa e igualitária, pois, além de regular os direitos, passou a tratar de temas como educação e saúde na condição de **direitos fundamentais**. Segundo Silva (2004, p. 808),

> A Constituição declara que a ordem social tem como base o primado do trabalho, e como objetivo o bem-estar e justiça social. Neste particular, a ordem social se harmoniza com a ordem econômica, já que esta se funda também na valorização do trabalho e tem como fim (objetivo) assegurar a todos existência digna, conforme os ditames da justiça social [...].

Portanto, o texto constitucional ratifica a importância dos direitos sociais, tornando-os legítimos. Além destes, é imprescindível apontar a relevância dos direitos fundamentais, porque "os direitos dos homens são direitos históricos, que emergem gradualmente das lutas que o homem trava por sua própria emancipação e das transformações das condições de vida que essas lutas produzem" (Bobbio, 1992, p. 32).

Deflagrar tal importância deixa para trás todo o passado de minimização de direitos, propiciando, por meio dos direitos fundamentais, garantias efetivas e demonstrando que o Brasil rompeu com a "soberania estatal absolutista".

> É inegável que a Constituição de 1988 tem a virtude de espelhar a reconquista dos direitos fundamentais, notadamente os de cidadania e os individuais, simbolizando a superação de um projeto autoritário, pretensioso e intolerante que se impusera ao País. Os anseios de participação, represados à força nas duas décadas anteriores, fizeram da constituinte uma apoteose cívica, marcada, todavia, por interesses e paixões. (Barroso, 2003, p. 42)

Nessa concepção, os direitos fundamentais direcionam a vida em sociedade. Com a Carta Magna, passava a existir, de forma latente, a esperança do povo brasileiro para o exercício da cidadania. Logo, a Lei Maior constituiu-se como um marco histórico que deflagrou a importância da consolidação do exercício democrático de direito na efetivação dos interesses públicos.

A experiência adquirida com as mudanças no contexto social, que foram recepcionadas pela sociedade na ocasião da promulgação da CF/1988, demonstra que a adoção do Estado democrático de direito consolidou as transformações do entendimento dos princípios constitucionais, fortalecendo a **democracia participativa** e também a **discricionariedade pública administrativa**.

Para contextualizar, podemos frisar que a CF/1988 foi relevante para a inclusão legal dos direitos humanos no país, conforme é possível observar na redação do art. 5º, parágrafo 2º: "Os direitos e garantias expressos nesta Constituição não excluem outros decorrentes do regime e dos princípios por ela adotados, ou dos tratados internacionais em que a República Federativa do Brasil seja parte" (Brasil, 1988).

Dessa forma, pela primeira vez no Brasil, ocorreu a solidificação constitucional dos direitos humanos, ressaltando que os direitos sociais são também direitos fundamentais e almejam evitar a segregação. Silva (citado por Mazzuoli, 2001) lembra que a cidadania consiste

> na consciência de pertinência à sociedade estatal como titular dos direitos fundamentais, da dignidade como pessoa humana, da integração participativa no processo do poder, com a igual consciência de que essa situação subjetiva envolve também deveres de respeito à dignidade do outro e de contribuir para o aperfeiçoamento de todos.

É nítido que a CF/1988 foi a responsável por essa nova concepção de cidadania, pois nela constam os direitos e deveres dos cidadãos. Definir *cidadania* vai muito além de restringi-la a um conjunto de princípios, delimitando sua atuação, porque ela está incluída nas longas e incansáveis batalhas pela consolidação de valores éticos, tais como a liberdade, a igualdade, a dignidade e todos os demais direitos que garantem às pessoas a consolidação do exercício pleno da condição de cidadão.

É preciso reforçar, de forma geral, que os autores aqui estudados ressaltam a importância que teve a CF/1988 para o país, pois ela trata do mais alto grau dos direitos dos cidadãos.

Considerando a lógica apontada, nossa Carta Magna, por meio de seus artigos e de seus princípios, preenche as lacunas. Esse documento não deixa dúvida quanto a seu papel essencial para o desenvolvimento pleno do exercício da cidadania, haja vista que a garantia e a efetivação dos direitos humanos não poderiam ser implementadas caso houvesse desrespeito aos princípios norteadores da igualdade e da dignidade da pessoa humana, entre outros que carregam em seu cerne a relevância da convivência em uma sociedade democrática.

Foi um desafio enorme a implementação da CF/1988 no Brasil, porque o país estava imerso em um estado autoritário e com direitos restritos, recheado de privilégios para a classe dominante, o que colocava a maioria das pessoas à margem da sociedade, ou seja, à mercê de sua própria sorte, pois não havia liberdade para exercer e usufruir de direitos civis, políticos e sociais.

Deflagrar tal concepção é torná-la favorável ao entendimento de que a CF/1988 não conta com uma função linear, mas vasta, que faculta o trajeto em outros ramos da ciência jurídica. Com essa percepção, exercer a cidadania é ter a ciência do conhecimento crítico, que não é acabado, mas inovador, porque questionar leva à transformação e à busca constante da inclusão e da integração na sociedade.

> **Somente com uma visão crítica e analítica é possível implantar a democracia e fazer valer os princípios constitucionais para que seja efetivado o direito à cidadania, superando os desafios postos em uma realidade regada de contrastes sociais, em que o homem, muitas vezes, desconhece a forma de garantir seus direitos como cidadão.**

Somente com uma visão crítica e analítica é possível implantar a democracia e fazer valer os princípios constitucionais para que seja efetivado o direito à cidadania, superando os desafios postos em uma realidade regada de contrastes sociais, em que o homem, muitas vezes, desconhece a forma de garantir seus direitos como cidadão.

Esse tema é desafiador, uma vez que sua proposta requer a análise e a compreensão profunda dos princípios constitucionais garantidores do exercício pleno da cidadania no Brasil, visto que esta é marcada por uma história de fragmentos sociais, de desorganização e de ausência do Estado democrático de direito.

Portanto, nesse contexto, é necessário renunciar à visão estagnada e avançar rumo ao entendimento analítico e reflexivo de que estão revestidos os princípios constitucionais – imprescindíveis para o desenvolvimento da sociedade.

Sociedade capitalista e minimização dos direitos sociais

Assim, conforme mencionado, é necessário persistir na implementação dos direitos humanos, contando com a abrangente participação da coletividade, com vistas a consolidar os princípios da igualdade e da dignidade da pessoa humana como precursores para a concretização do exercício da cidadania.

**Cabe, portanto, aos cidadãos brasileiros assumir as rédeas da política estatal em prol de uma sociedade que poderá ser considerada justa e democrática por meio do exercício pleno da cidadania.**

Diante do exposto, podemos afirmar que os direitos não foram conferidos, mas conquistados. Por isso, a cidadania foi também conquistada e segue em construção por intermédio da participação dos sujeitos.

Nessa acepção, o princípio da igualdade se destaca em relação aos demais, pois ele permite ser igual perante a lei, ser igual na participação coletiva, na política, no acesso a condições básicas de qualidade de vida, nas oportunidades em diferentes esferas, tais como educação, cultura, saúde e trabalho, enfim, ser igual no exercício dos direitos fundamentais.

Identificando esse entendimento na consolidação da cidadania, sob a nova égide democrática, é imprescindível ter ciência de que não é possível alcançar a plena cidadania somente por meio das leis. Deve haver também a implementação de políticas públicas que alcancem todos os cidadãos que se encontram em diferentes situações sociais ou econômicas.

Por fim, é importante ressaltar que a participação da sociedade civil em organizados espaços públicos, por exemplo, conselhos, não diminui o papel estatal; pelo contrário, essa participação tem o objetivo de fortalecer as camadas sociais para que a Administração Pública seja transparente e cumpra os ditames legais, priorizando as necessidades básicas das pessoas e minimizando as injustiças sociais.

Cabe, portanto, aos cidadãos brasileiros assumir as rédeas da política estatal em prol de uma sociedade que poderá ser considerada justa e democrática por meio do exercício pleno da cidadania.

Diante do cenário traçado até aqui, podemos concluir que o grande desafio da cidadania democrática é provocar cada vez mais a participação popular para o debate e para as reflexões acerca das violações de direitos. Além desses objetivos, vale lembrar a elaboração de propostas que contribuam para que todos os cidadãos sejam contemplados em seus direitos constitucionais, legitimando a organização popular a fim de que o Poder Público cumpra sua função de forma ética e viabilize a efetivação dos direitos conquistados pelo povo brasileiro.

## Síntese

Refletir sobre o conceito de *Estado* é essencial para analisar criticamente o exercício democrático da cidadania. A atuação estatal desempenha papel fundamental e diretamente ligado à viabilização do pleno e efetivo exercício dos direitos fundamentais. É possível afirmar isso porque os princípios explícitos e implícitos, garantidos e assegurados pela CF/1988, assumem potencial emancipatório e direcionam com determinação a função do Estado democrático de direito.

A cidadania tem uma trajetória de superação e, com a promulgação da Carta Magna de 1988, fica nítido que o Brasil está em um novo rumo de caráter emancipador, reconhecendo-se que o homem é mais importante do que a propriedade. Tanto é assim que a CF/1988 é conhecida como a *Constituição Cidadã*.

Essa transformação do ordenamento jurídico brasileiro assegura formalmente muitos direitos civis, mas que ainda não estão sendo exercidos pela coletividade de forma plena. O acesso deficiente aos direitos civis pode estar relacionado ao fato de o país se encontrar em um período de transição, no qual a sociedade está aprendendo a viver com a democracia, que visa à efetividade dos direitos.

Nesse contexto, é necessário superar a visão estagnada e avançar rumo ao entendimento crítico e reflexivo, entendendo o que significa *cidadania* e apropriando-se dela sob a perspectiva de efetivá-la e exercê-la plenamente em seu mais alto grau de importância para a consolidação dos direitos civis.

Sociedade capitalista e minimização dos direitos sociais

Assim, é possível nos remetermos aos princípios constitucionais explícitos e implícitos, que buscam a equidade e a justiça social, para que a desigualdade seja minimizada. Identificando esse entendimento na construção da cidadania, sob a nova égide democrática, podemos afirmar que, somente com a participação popular em todos os âmbitos sociais e políticos, o Estado democrático de direito poderá se consolidar no Brasil.

Para romper com o histórico de Estado mínimo, serão necessárias a aproximação e a apropriação dos preceitos constitucionais, que clamam pelo exercício pleno de cidadania para toda a coletividade, resguardando todos os direitos a ela inerentes.

## Questões para revisão

1. Marshall afirmou que a cidadania é plena se dotada de direitos:
   a) civis, políticos e sociais.
   b) civis, políticos, sociais e tributários.
   c) civis, políticos e cidadãos.
   d) civis, políticos e administrativos.

2. A cidadania formal está relacionada a:
   a) direitos civis, direitos políticos e nacionalidade.
   b) nacionalidade e pertencimento a uma nação.
   c) nacionalidade.
   d) nacionalidade e direitos civis.

3. O fato de a cidadania estar na base da lei não garante sua efetividade, porque isso não proporciona alicerce para a cidadania substantiva, podendo ser considerada apenas letra da lei que reconhece os direitos, mas nada adianta se não for exercida. Sobre essa afirmação, assinale a alternativa correta:

a) É falsa, pois a lei não faz menção à cidadania.

b) É parcialmente falsa, pois estar na base da lei é o bastante.

c) É parcialmente verdadeira, pois a letra da lei garante a cidadania substantiva.

d) É verdadeira.

**4.** Por que fortalecer a participação coletiva?

**5.** Em que se fundamenta o Estado de direito?

## Questões para reflexão

**1.** Segundo Vieira (1992, p. 52), "A política social nasce assim da crítica à desigualdade social e espelha em suas origens a vigorosa pretensão humana da igualdade. No interior da democracia totalitária a denúncia à iniquidade entre os homens é o suporte indispensável da política social". O que significa democracia totalitária?

**2.** É correto dizer que o princípio da isonomia se traduz na igualdade de todos perante a lei?

## Para saber mais

AZAMBUJA, D. **Teoria geral do estado**. 5. ed. Porto Alegre: Globo, 1973.

*Nessa obra, um clássico da área, o jurista Darcy Azambuja faz um apanhado das noções basilares do conceito de Estado e aborda diferentes aspectos desse assunto tão rico e importante para a organização da sociedade. Alguns dos elementos tratados são: soberania e poder político, direitos individuais, representação de interesses e relações entre o Estado e o indivíduo.*

BARROSO, L. R. **O direito constitucional e a efetividade de suas normas**. 7. ed. Rio de Janeiro: Renovar, 2003.

*Nesse livro, o tema do direito constitucional é tratado pelo autor com uma linguagem renovada e com uma roupagem original. Em seu estudo doutrinário e jurisprudencial, Barroso apresenta diferentes institutos e relaciona as normas e as ações constitucionais.*

VIEIRA, E. **Democracia e política social**. São Paulo: Cortez, 1992.

*Nesse trabalho de Vieira, são destacadas as temáticas da igualdade e da democracia. Para tratar desses assuntos, são comentados aspectos da crítica da política social e abarcados elementos como direitos sociais e políticas econômicas.*

# CAPÍTULO 3

# Legislação social, políticas públicas e serviço social

## Conteúdos do capítulo:

- Serviço social e direitos sociais.
- Princípios constitucionais e consecução da cidadania.
- Direitos sociais e constitucionais.
- Consolidação das Leis do Trabalho.
- Globalização e relações do trabalho.
- Trajetória da política de assistência social como direito à cidadania.
- Política de atendimento dos direitos da criança e do adolescente.
- Política pública de saúde e implementação do Sistema Único de Saúde.
- Política nacional do idoso.

## Após o estudo deste capítulo, você será capaz de:

1. descrever o processo de constituição e desenvolvimento da legislação social, com o restabelecimento do Estado de direito e a ampliação da participação da sociedade civil na vida pública do país;
2. conceber as políticas sociais como estratégias para o enfrentamento da questão social pelo serviço social;
3. demonstrar que os direitos sociais, por meio das políticas públicas, buscam atender às necessidades básicas do cidadão, visando garantir os direitos à cidadania e à dignidade humana;
4. discorrer sobre o acesso aos serviços e benefícios estabelecidos pelas políticas públicas sociais;
5. contextualizar a relevância do serviço social na implantação e na execução das políticas públicas sociais.

# 3.1 Serviço social e direitos sociais

O serviço social é uma profissão que tem por objeto de intervenção as expressões da questão social e como objetivo a construção de uma ordem social, política e econômica, no mínimo, diferente da atual. É crucial, porém, reconhecer os limites e as possibilidades do trabalho profissional diante dos determinantes estruturais e das dificuldades da realidade social.

Historicamente, até a Constituição Federal (CF) de 1988 (Brasil, 1988), a política social brasileira era concebida de forma fragmentada e confusa, sem nenhuma preocupação com a intersetorialidade, pois tanto a saúde quanto a previdência social integravam a mesma política pública, oriunda de uma única fonte financiadora, ou seja, sem o caráter universal, uma vez que ainda dependia da contribuição do trabalhador para a manutenção dos serviços e do acesso a eles.

> A questão social é a base de intervenção do serviço social e exige cada vez mais novas respostas às demandas dos cidadãos, o que enseja a busca por subsídios teóricos para melhor compreender essa realidade contraditória.

A **equidade** e a **universalidade** das políticas públicas tornaram-se mais evidentes com a promulgação da CF/1988, que garante um número bem maior de direitos sociais. Essa garantia é extensiva a todos os cidadãos, dando, ainda, à assistência social o reconhecimento como política social, o que possibilita e facilita o acesso de todos aos serviços básicos de atenção e proteção social e, consequentemente, a redução das desigualdades, das situações de risco e da vulnerabilidade social.

O serviço social tem ampliado seus estudos referentes às políticas sociais. Isso porque estas são estratégias relevantes para se obter respostas mais claras quando do enfrentamento da questão social e de suas repercussões, principalmente no cenário contemporâneo. A questão social é a base de intervenção do serviço social e exige cada vez mais novas respostas às demandas dos cidadãos, o que enseja a busca por subsídios teóricos para melhor compreender essa realidade contraditória. Para darmos continuidade ao tema, explicitemos o conceito de *questão social*:

> A questão social não é senão as expressões do processo de formação e desenvolvimento da classe operária e de seu ingresso no cenário político da sociedade, exigindo seu reconhecimento como classe por parte do empresariado e do Estado. É a manifestação, no cotidiano da vida social, da contradição entre o proletariado e a burguesia, a qual passa a exigir outros tipos de intervenção mais além da caridade. (Iamamoto; Carvalho, 1983, p. 77)

É ainda:

> conjunto das desigualdades sociais engendradas na sociedade capitalista madura, impensáveis sem a intermediação do Estado. Tem sua gênese no caráter coletivo da produção contraposto à apropriação privada da própria atividade humana – o trabalho –, das condições necessárias à sua realização, assim como de seus frutos. É indissociável da emergência do "trabalhador livre", que depende da venda de sua força de trabalho com meio de satisfação de suas necessidades vitais. A questão social expressa, portanto, disparidades econômicas, políticas e culturais das classes sociais, mediatizadas por relações de gênero, características étnico-raciais e formações regionais, colocando em causa as relações entre amplos segmentos da sociedade cível e o poder estatal. (Iamamoto, 2001, p. 16-17)

O serviço social, portanto, concentra sua análise teórica e sua atuação prática em estratégias que devem ser utilizadas e aprimoradas para enfrentar as mazelas sofridas pela população e pela classe trabalhadora, decorrentes do agravamento das questões sociais e das crises econômicas, sociais e políticas. Importa ressaltarmos que, nesse contexto, o Estado tem a obrigação de ofertar aos cidadãos tratamento igualitário, com qualidade e caráter universal. Segundo Faleiros (1991, p. 8), as políticas sociais ora são vistas como mecanismos de manutenção da força de trabalho, ora como conquista dos trabalhadores, ora como arranjos do bloco no poder ou bloco governante, ora como doação das elites dominantes, ora como instrumento de garantia do aumento da riqueza ou dos direitos do cidadão.

Também podem ser "mecanismos eficientes para a democratização do acesso a bens e serviços para a população e também atuam como condições necessárias ao desenvolvimento econômico e social" (Santos; Costa, 2006, p. 68).

O profissional em serviço social deve, então, buscar, intransigentemente, a defesa do acesso aos direitos sociais dos cidadãos, que são garantidos constitucionalmente e regulamentados pela legislação ordinária ou complementar.

Ao reconhecer os direitos sociais do cidadão como constitucionais, ou seja, inalienáveis, o Poder Público deve ofertá-los mediante o estabelecimento de políticas públicas e sociais, a fim de que seja possível efetivar a conquista da cidadania pela construção da igualdade social e pela universalização de seu acesso. Considerando que até o advento da CF/1988 havia apenas políticas de controle, fragmentadas, seletivas e excludentes, atualmente, o **projeto ético-político** do serviço social representa um compromisso com a nova ordem social vigente, resultado das conquistas da sociedade e da implementação dos direitos constitucionais.

Os componentes construídos pelos próprios assistentes sociais e que dão materialidade ao projeto ético-político, segundo Teixeira e Braz (2017, p. 7-9) são:

> a. a produção de conhecimentos no interior do Serviço Social, através da qual conhecemos a maneira como são sistematizadas as diversas modalidades práticas da profissão, onde se apresentam os processos reflexivos do fazer profissional e especulativos e prospectivos em relação a ele. Esta dimensão investigativa da profissão tem como parâmetro a sintonia com as tendências teórico-críticas do pensamento social já mencionadas. [...]

b. as instâncias político-organizativas da profissão, que envolvem tanto os fóruns de deliberação quanto as entidades da profissão: as associações profissionais, as organizações sindicais e, fundamentalmente, o conjunto CFESS/CRESS (Conselho Federal e Conselhos Regionais de Serviço Social), a ABEPSS (Associação Brasileira de Ensino e Pesquisa em Serviço Social), além do movimento estudantil representado pelo conjunto de CAs e DAs (Centros e Diretórios Acadêmicos das unidades de ensino) e pela ENESSO (Executiva Nacional de Estudantes de Serviço Social). [...]

c. a dimensão jurídico-política da profissão, na qual se constitui o arcabouço legal e institucional da profissão, que envolve um conjunto de leis e resoluções, documentos e textos políticos consagrados no seio da profissão. Há nessa dimensão duas esferas distintas, ainda que articuladas, quais sejam: um aparato jurídico-político estritamente profissional e um aparato jurídico-político de caráter mais abrangente. No primeiro caso, temos determinados componentes construídos e legitimados pela categoria, tais como: o atual Código de Ética Profissional, a Lei de Regulamentação da Profissão (Lei 8662/93) [...] No segundo caso, temos o conjunto de leis (a legislação social) advindas do capítulo da Ordem Social da Constituição Federal de 1988, que, embora não exclusivo da profissão, a ela diz respeito tanto pela sua implementação efetiva tocada pelos assistentes sociais em suas diversas áreas de atuação (pense na área da saúde e na LOS – Lei Orgânica da Saúde – ou na assistência social e na LOAS – Lei Orgânica da Assistência Social – ou, ainda, na área da infância e juventude e no ECA – Estatuto da Criança e do Adolescente), quanto pela participação decisiva que tiveram (e têm) as vanguardas profissionais na construção e aprovação das leis e no reconhecimento dos direitos na legislação social por parte do Estado em seus três níveis.

Quando aludimos a *conjunto de leis*, estamos nos referindo à legislação social, prevista no Título "Da Ordem Social" da CF/1988. Subsidiado por essas legislações e normas legais, o profissional de serviço social desenvolve sua prática de enfrentamento da questão social, com vistas a garantir à população o acesso aos direitos sociais e o exercício da cidadania. Isso ocorre principalmente em razão da materialidade do projeto ético-político dada pela **dimensão jurídico-política da profissão**, atribuída por um conjunto de normas legais que dão sustentação à atividade profissional.

O projeto ético-político do serviço social está vinculado a um projeto de transformação da sociedade – vinculação esta decorrente da exigência estabelecida na dimensão política da intervenção profissional. Quem trabalha nessa área precisa ter pleno conhecimento do projeto ético-político, pois este deve nortear os atendimentos, os planos e os projetos de intervenção, sempre compromissados com a ética e a qualidade das ações para, assim, concretizá-las nos espaços sócio-ocupacionais.

De acordo com Paulo Netto (1999, p. 104), "o projeto profissional vincula-se a um projeto societário que propõe a construção de uma nova ordem social, sem dominação e/ou exploração de classe, etnia e gênero". E, ainda,

> Nos últimos trinta anos, o Conjunto CFESS-CRESS vem lutando em diferentes frentes e de diversas formas para garantir e ampliar direitos, tendo como Projeto ético-político profissional a luta pela construção de uma sociedade justa e igualitária. [...] A concepção de cidadania presente no Projeto ético-político profissional do Serviço Social brasileiro articula direitos amplos, universais e equânimes, orientados pela perspectiva de superação das desigualdades sociais e pela igualdade de condições nos marcos de uma sociedade não capitalista. (CFESS; CRESS, 2011, p. 3)

Portanto, o serviço social tem, em seu projeto ético-político, o **rigor teórico-metodológico** que fornece subsídios, fundamentação e instrumentalidade à prática profissional. Esse projeto se materializa em elementos constitutivos, na produção de conhecimentos no interior do serviço social, nas instâncias político-organizativas (que lhe dão formalidade legal) e na dimensão jurídico-política da profissão.

O projeto ético-político do serviço social está vinculado a um projeto de transformação da sociedade – vinculação esta decorrente da exigência estabelecida na dimensão política da intervenção profissional.

Legislação social, políticas públicas e serviço social

# 3.2 Princípios constitucionais e consecução da cidadania

O país vivenciou décadas de autoritarismo, destacando-se a defesa do interesse de poucas pessoas em detrimento da maioria. Então, como falar em *cidadania* nesse contexto? A resposta pode ser dada considerando-se os movimentos sociais e a participação popular, tanto nas lutas diárias quanto na apresentação de sugestões, ou seja, com reinvindicações da sociedade por mudanças no país, entre elas, a retomada do Estado democrático. É, portanto, a partir da Constituição Cidadã – como propalada pelo Deputado Ulisses Guimarães –, que reconquistamos o direito à cidadania.

Assim, a CF/1988, em seu art. 1º, define a República Federativa do Brasil como Estado democrático de direito e prevê a cidadania como um de seus alicerces, disciplinando-a especialmente em seus arts. 5º e 22:

> Art. 1º A República Federativa do Brasil, formada pela união indissolúvel dos Estados e Municípios e do Distrito Federal, constitui-se em Estado Democrático de Direito e tem como fundamentos:
>
> [...]
>
> II – a cidadania;
>
> III – a dignidade da pessoa humana;
>
> [...]
>
> Art. 5º Todos são iguais perante a lei, sem distinção de qualquer natureza, garantindo-se aos brasileiros e aos estrangeiros residentes no País a inviolabilidade do direito à vida, à liberdade, à igualdade, à segurança e à propriedade, nos termos seguintes:
>
> [...]
>
> LXXI – conceder-se-á mandado de injunção sempre que a falta de norma regulamentadora torne inviável o exercício dos direitos e liberdades constitucionais e das prerrogativas inerentes à nacionalidade, à soberania e à cidadania;

[...]

LXXVII – são gratuitas as ações de *habeas-corpus* e *habeas-data*, e, na forma da lei, os atos necessários ao exercício da cidadania.

[...]

Art. 22. Compete privativamente à União legislar sobre

[...]

XIII – nacionalidade, cidadania e naturalização; (Brasil, 1988)

Portanto, após a promulgação da CF/1988, o exercício da cidadania se faz presente no cotidiano de todo cidadão brasileiro, sendo decorrência direta do Estado democrático. Entende-se como *democracia* "uma das várias formas de governo, em particular aquelas em que o poder não está nas mãos de um só ou de poucos, mas de todos, ou melhor, da maior parte, como tal se contrapondo às formas autocráticas, como a monarquia e oligarquia" (Bobbio, 2000, p. 7).
É inerente ao Estado democrático a perspectiva de articulação entre a democracia representativa e a participativa, o que legitima, ainda, a criação de políticas públicas mediante legislação que as normatize.
No Brasil, o voto é obrigatório. É a eleição por sufrágio universal, na qual elegemos nossos representantes nos três entes federativos. Escolhemos os encarregados de administrar os órgãos e as instituições públicas, bem como aqueles que devem legislar no interesse da população, vivendo, assim, em uma democracia representativa.
Com relação ao termo *cidadania*, presente na CF/1988, Passos (1993, p. 124) registra que "está presente em nosso discurso demagógico, em nossa fundamentação despistadora, em nossa pregação cívica, em nosso quotidiano revoltado, em nosso dizer dogmático e em nosso lirismo militante". O autor complementa, afirmando que o conceito engloba mais que direitos humanos, porque além de incluir os direitos que a todos são atribuídos, em virtude de sua condição humana, abrange, ainda, os direitos políticos. Correto, por conseguinte, falar-se numa dimensão

# Legislação social, políticas públicas e serviço social

política, numa dimensão civil e numa **dimensão social da cidadania**. Para Teixeira (1991, p. 565), "a cidadania consiste na prerrogativa que se concede a brasileiros, mediante preenchimento de certos requisitos legais, de poderem exercer direitos políticos e cumprirem deveres cívicos".

A CF/1988 tem como um de seus fundamentos a cidadania, subsidiada pela Declaração Universal dos Direitos Humanos de 1948 (ONU, 1948) e pautada pelo reconhecimento e pela defesa da dignidade da pessoa humana, bem como pela efetivação dos direitos fundamentais e sociais, atentando à democracia participativa aos cidadãos, ou seja, percebendo-os como indivíduos integrados à sociedade. Complementando a análise da cidadania à luz da CF/1988, recorremos a Silva (2008, p. 34):

> Se a República Federativa é constituída em Estado Democrático de Direito, pode-se dizer que os fundamentos indicados por aquela constituem os fundamentos destes. Então carece de razão Cretella Jr. quando afirma que a cidadania não é, fundamento da República Federativa do Brasil, pois o é, na medida em que se configura Estado democrático de Direito, em que a cidadania se revela como centro de seu conceito, porquanto se não estiver imantado pelo valor da cidadania não se sustentaria. Não existiria como tal.

Portanto, com o restabelecimento do Estado democrático, efetivam-se o Estado de direito, a cidadania, a ampliação da participação da sociedade civil na vida pública do país, a participação social nas políticas públicas. Emerge também a garantia da democracia e da justiça social, embora ainda presenciemos o desrespeito sistemático à CF/1988 pelos governos de todas as esferas.

# 3.3 Direitos sociais

Em seu art. 6º, a CF/1988 assim estabelece: "São direitos sociais a educação, a saúde, a alimentação, o trabalho, a moradia, o transporte, o lazer, a segurança, a previdência social, a proteção à maternidade e à infância, a assistência aos desamparados, na forma desta Constituição" (Brasil, 1988).

Os direitos sociais assim estabelecidos buscam atender às necessidades básicas do cidadão e possibilitam melhores condições e qualidade de vida, assim como uma existência digna, mas dependem da intervenção do Estado para sua efetivação. Portanto, é dever do Estado, com a implementação de políticas públicas, regulamentá-los por legislações complementares com absoluta prioridade.

Infelizmente, isso é teoria; a realidade é outra, pois esse trabalho nem sempre gera efeitos imediatos. No entanto, as **políticas sociais** constituem instrumento estatal que se destina a diminuir as situações de vulnerabilidade social, bem como a enfrentar questões sociais originadas pelas desigualdades sociais, econômicas e políticas. Ao trabalhador brasileiro deve ser dada a oportunidade de adquirir e manter o exercício dos direitos sociais.

A CF/1988, em seu art. 7º, prevê os direitos dos trabalhadores e equipara os trabalhadores rurais aos urbanos no que toca aos direitos garantidos constitucionalmente. Também estende aos trabalhadores domésticos alguns direitos, conforme o parágrafo único do mesmo artigo:

> Art. 7º São direitos dos trabalhadores urbanos e rurais, além de outros que visem à melhoria de sua condição social:
>
> I – relação de emprego protegida contra despedida arbitrária ou sem justa causa, nos termos de lei complementar, que preverá indenização compensatória, dentre outros direitos;
>
> II – seguro-desemprego, em caso de desemprego involuntário;

III – fundo de garantia do tempo de serviço;

IV – salário mínimo, fixado em lei, nacionalmente unificado, capaz de atender às suas necessidades vitais básicas e às de sua família com moradia, alimentação, educação, saúde, lazer, vestuário, higiene, transporte e previdência social, com reajustes periódicos que lhe preservem o poder aquisitivo, sendo vedada sua vinculação para qualquer fim;

V – piso salarial proporcional à extensão e à complexidade do trabalho;

VI – irredutibilidade do salário, salvo o disposto em convenção ou acordo coletivo;

VII – garantia de salário, nunca inferior ao mínimo, para os que percebem remuneração variável;

VIII – décimo terceiro salário com base na remuneração integral ou no valor da aposentadoria;

IX – remuneração do trabalho noturno superior à do diurno;

X – proteção do salário na forma da lei, constituindo crime sua retenção dolosa;

XI – participação nos lucros, ou resultados, desvinculada da remuneração, e, excepcionalmente, participação na gestão da empresa, conforme definido em lei;

XII – salário-família pago em razão do dependente do trabalhador de baixa renda nos termos da lei;

XIII – duração do trabalho normal não superior a oito horas diárias e quarenta e quatro semanais, facultada a compensação de horários e a redução da jornada, mediante acordo ou convenção coletiva de trabalho;

XIV – jornada de seis horas para o trabalho realizado em turnos ininterruptos de revezamento, salvo negociação coletiva;

XV – repouso semanal remunerado, preferencialmente aos domingos;

XVI – remuneração do serviço extraordinário superior, no mínimo, em cinquenta por cento à do normal;

XVII – gozo de férias anuais remuneradas com, pelo menos, um terço a mais do que o salário normal;

XVIII – licença à gestante, sem prejuízo do emprego e do salário, com a duração de cento e vinte dias;

XIX – licença-paternidade, nos termos fixados em lei;

# Serviço social, direito e cidadania

XX – proteção do mercado de trabalho da mulher, mediante incentivos específicos, nos termos da lei;

XXI – aviso prévio proporcional ao tempo de serviço, sendo no mínimo de trinta dias, nos termos da lei;

XXII – redução dos riscos inerentes ao trabalho, por meio de normas de saúde, higiene e segurança;

XXIII – adicional de remuneração para as atividades penosas, insalubres ou perigosas, na forma da lei;

XXIV – aposentadoria;

XXV – assistência gratuita aos filhos e dependentes desde o nascimento até 5 (cinco) anos de idade em creches e pré-escolas;

XXVI – reconhecimento das convenções e acordos coletivos de trabalho;

XXVII – proteção em face da automação, na forma da lei;

XXVIII – seguro contra acidentes de trabalho, a cargo do empregador, sem excluir a indenização a que este está obrigado, quando incorrer em dolo ou culpa;

XXIX – ação, quanto aos créditos resultantes das relações de trabalho, com prazo prescricional de cinco anos para os trabalhadores urbanos e rurais, até o limite de dois anos após a extinção do contrato de trabalho;

[...]

XXX – proibição de diferença de salários, de exercício de funções e de critério de admissão por motivo de sexo, idade, cor ou estado civil;

XXXI – proibição de qualquer discriminação no tocante a salário e critérios de admissão do trabalhador portador de deficiência;

XXXII – proibição de distinção entre trabalho manual, técnico e intelectual ou entre os profissionais respectivos;

XXXIII – proibição de trabalho noturno, perigoso ou insalubre a menores de dezoito e de qualquer trabalho a menores de dezesseis anos, salvo na condição de aprendiz, a partir de quatorze anos;

XXXIV – igualdade de direitos entre o trabalhador com vínculo empregatício permanente e o trabalhador avulso.

Parágrafo único. São assegurados à categoria dos trabalhadores domésticos os direitos previstos nos incisos IV, VI, VII, VIII, X, XIII, XV, XVI, XVII, XVIII, XIX, XXI, XXII, XXIV, XXVI, XXX, XXXI e

XXXIII e, atendidas as condições estabelecidas em lei e observada a simplificação do cumprimento das obrigações tributárias, principais e acessórias, decorrentes da relação de trabalho e suas peculiaridades, os previstos nos incisos I, II, III, IX, XII, XXV e XXVIII, bem como a sua integração à previdência social. (Brasil, 1988)

Podemos verificar que o texto constitucional estabeleceu mudanças importantes quanto aos direitos e às normas trabalhistas, visando à melhoria da condição social do trabalho, pois ele configura um fator imprescindível para a consecução de uma vida digna ao cidadão. Sem a normatização da relação de trabalho e a efetividade dos direitos trabalhistas previstos em lei, a vida digna não se concretiza.

É por meio da CF/1988 que nossos representantes, mediante a elaboração de normas infraconstitucionais, asseguram o exercício dos direitos sociais e de cidadania, bem como dos direitos trabalhistas, estes sempre em conformidade com os preceitos de seu art. 7º, que objetivou a melhoria das condições sociais dos trabalhadores urbanos e rurais.

## 3.3.1 Consolidação das Leis do Trabalho

Antes da Consolidação das Leis do Trabalho (CLT) – Decreto-Lei n. 5.452, de 1º de maio de 1943 (Brasil, 1943) – houve legislações importantes para a evolução das normas de proteção ao trabalhador.

O Decreto n. 3.724, de 15 de janeiro de 1919 (Brasil, 1919), foi a primeira legislação brasileira que tratou de fato do acidente do trabalho e, para tanto, adotou a teoria do risco profissional (Martins, 2005).

Em 24 de janeiro de 1923, o Congresso Nacional sancionou o Decreto-Lei n. 4.682, conhecido como *Lei Eloy Chaves* (Brasil, 1923), que foi a primeira norma a instituir a previdência social. Por meio dela, foram criadas as caixas de aposentadoria e pensão nacionais, representando um marco do início da legislação previdenciária em nosso país.

Com a Constituição de 1946 (Brasil, 1946), a Justiça do Trabalho passou a integrar o Poder Judiciário, embora essa orientação tenha surgido na Constituição de 1934 e a previsão de sua criação tenha sido mantida em 1937, mas instalada só em 1º de maio de 1939, ainda como órgão administrativo. A Constituição de 1967 e a atual, de 1988, mantiveram o estabelecido pela de 1946 (TRT 8ª R, 2017).

A CF/1988, em seu art. 114, disciplina a competência da Justiça do Trabalho:

> Art. 114. Compete à Justiça do Trabalho processar e julgar:
>
> I – as ações oriundas da relação de trabalho, abrangidos os entes de direito público externo e da administração pública direta e indireta da União, dos Estados, do Distrito Federal e dos Municípios;
>
> II – as ações que envolvam exercício do direito de greve;
>
> III – as ações sobre representação sindical, entre sindicatos, entre sindicatos e trabalhadores, e entre sindicatos e empregadores;
>
> IV – os mandados de segurança, habeas corpus e habeas data , quando o ato questionado envolver matéria sujeita à sua jurisdição;
>
> V – os conflitos de competência entre órgãos com jurisdição trabalhista, ressalvado o disposto no art. 102, I, o;
>
> VI – as ações de indenização por dano moral ou patrimonial, decorrentes da relação de trabalho;
>
> VII – as ações relativas às penalidades administrativas impostas aos empregadores pelos órgãos de fiscalização das relações de trabalho;
>
> VIII – a execução, de ofício, das contribuições sociais previstas no art. 195, I, a , e II, e seus acréscimos legais, decorrentes das sentenças que proferir;
>
> IX – outras controvérsias decorrentes da relação de trabalho, na forma da lei.

Da leitura do dispositivo, podemos entender que uma das funções da Justiça do Trabalho é conciliar os conflitos e as demandas trabalhistas, visando cumprir os ditames da lei no que diz respeito aos possíveis danos materiais e morais, resultantes de controvérsias advindas das relações de trabalho.

A CLT foi sancionada pelo presidente Getúlio Vargas com vistas a unificar toda a legislação trabalhista existente no Brasil até aquela data, sistematizando as várias normas relacionadas ao assunto e regulamentando as relações de trabalho, tanto individuais quanto coletivas. É, portanto, uma legislação que busca atender às necessidades de proteção dos trabalhadores urbano e rural.

É importante destacar que, apesar de transcorridos mais de 60 anos e de muitos de seus artigos terem sido modificados, revogados e até mesmo caído em desuso, a CLT continua sendo um dos principais instrumentos de proteção e de regulamentação das relações entre empregado e empregador. Quanto às definições de *empregador* e de *empregado*, a CLT assim estabelece:

> Art. 2º Considera-se empregador a empresa individual ou coletiva, que, assumindo os riscos da atividade econômica, admite, assalaria e dirige a prestação pessoal de serviços.
>
> [...]
>
> Art. 3º Considera-se empregado toda pessoa física que prestar serviços de natureza não eventual a empregador, sob a dependência deste e mediante salário. (Brasil, 1943)

Nessa definição, podemos constatar que a **relação de trabalho** só se estabelece se ocorrer prestação de serviços de natureza não eventual e mediante salário, caracterizando a situação jurídica (contrato de trabalho) entre um trabalhador (pessoa física) e um empregador (empresa). Trata-se de uma relação regulamentada por lei, pois muitos direitos do trabalhador garantidos no art. 7º da CF/1988 necessitam de legislação ordinária para sua regulamentação.

A Lei n. 13.467, de 13 julho de 2017 (Brasil, 2017), implementou a denominada **reforma trabalhista**, com vigência a partir de 11 de novembro de 2017. Essa lei trouxe grandes mudanças no texto da CLT e, consequentemente, nas relações trabalhistas, com relevante repercussão na vida do trabalhador; entre outras, há alterações quanto ao tempo de serviço, à remuneração, às férias (parcelamento), às jornadas de trabalho (parcial, teletrabalho, 12 × 36), aos descansos, aos planos de cargos e salários, à demissão e à terceirização.

Buscaremos discorrer sobre algumas dessas alterações promovidas pela reforma trabalhista e que julgamos de maior impacto na vida do trabalhador.

O limite constitucional da jornada de trabalho é de 8 horas diárias e 44 horas semanais. A CLT, em conformidade com a CF/1988, assim estabeleceu em seu art. 58: "a duração normal do trabalho, para os empregados em qualquer atividade privada, não excederá de oito horas diárias, desde que não seja fixado expressamente outro limite" (Brasil, 1943). A legislação estabelece, ainda, que essa jornada pode ser acrescida de, no máximo, duas horas extras diárias (ou seja, a jornada pode se estender a, no máximo, 10 horas).

O parágrafo 2º do art. 58 da CLT previa que o **tempo gasto no deslocamento até o local de trabalho** e no retorno para casa, por qualquer meio de transporte, não seria computado na jornada de trabalho, salvo quando, tratando-se de local de difícil acesso ou não servido por transporte público, o empregador fornecesse a condução. Com a reforma, no entanto, esse parágrafo passou a ter a seguinte redação:

> Art. 58. [...]
>
> [...]
>
> § 2º O tempo despendido pelo empregado desde a sua residência até a efetiva ocupação do posto de trabalho e para o seu retorno, caminhando ou por qualquer meio de transporte, inclusive o fornecido pelo empregador, não será computado na jornada de trabalho, por não ser tempo à disposição do empregador. (Brasil, 1943)

Outro aspecto a ser considerado é a alteração quanto ao **regime de tempo parcial**. Até então, era permitida a contratação com jornada de até 25 horas semanais, mas sem o pagamento de hora extra; com a reforma, pode a contratação ocorrer por 30 horas semanais ou, ainda, por 26 horas semanais e é permitido, neste caso, o pagamento de até 6 horas extras semanais.

Assim, de acordo com o art. 58-A, o trabalho em regime de tempo parcial é "aquele cuja duração não exceda a trinta horas semanais, sem a possibilidade de horas suplementares semanais, ou, ainda, aquele cuja duração não exceda a vinte e seis horas semanais, com a possibilidade de acréscimo de até seis horas suplementares semanais" (Brasil, 1943).

Há a previsão, de acordo com os parágrafos 3º e 4º, de que as horas suplementares à duração do trabalho semanal normal devem ser pagas com o acréscimo de 50% sobre o salário-hora normal e, ainda, na hipótese de o contrato de trabalho em regime de tempo parcial ser estabelecido em número inferior a 26 horas semanais, as horas suplementares a esse quantitativo serão consideradas horas extras para fins do pagamento, estando também limitadas a 6 horas suplementares semanais.

Ainda em relação à **jornada de trabalho**, a reforma trabalhista contemplou o art. 59-A:

> Art. 59-A. Em exceção ao disposto no art. 59 desta Consolidação, é facultado às partes, mediante acordo individual escrito, convenção coletiva ou acordo coletivo de trabalho, estabelecer horário de trabalho de doze horas seguidas por trinta e seis horas ininterruptas de descanso, observados ou indenizados os intervalos para repouso e alimentação. (Brasil, 1943)

Considerando que o art. 59 da CLT estabelece que "A duração diária do trabalho poderá ser acrescida de horas extras, em número não excedente de duas, por acordo individual, convenção coletiva ou acordo coletivo de trabalho" (Brasil, 1943), a jornada diária de trabalho pode chegar a 12 horas, e a jornada semanal, a 48 horas, incluída a possibilidade de 4 horas extras, além de permissão à jornada de 12 horas ininterruptas e descanso de 36 horas, também ininterruptas.

Outro aspecto importante do texto é o **fim da contribuição sindical obrigatória**, aplaudido pelos trabalhadores, pois representa um dia de seu trabalho por ano. Cabe ressaltar que a contribuição não foi extinta, mas, após a reforma, é uma opção do trabalhador e do empregador despender esse valor, conforme os arts. 578 e 579:

Art. 578. As contribuições devidas aos Sindicatos pelos participantes das categorias econômicas ou profissionais ou das profissões liberais representadas pelas referidas entidades serão, sob a denominação de contribuição sindical, pagas, recolhidas e aplicadas na forma estabelecida neste Capítulo, desde que prévia e expressamente autorizadas.

Art. 579. O desconto da contribuição sindical está condicionado à autorização prévia e expressa dos que participarem de uma determinada categoria econômica ou profissional, ou de uma profissão liberal, em favor do sindicato representativo da mesma categoria profissional ou inexistindo este, na conformidade do disposto no art. 591 desta Consolidação. (Brasil, 1943)

Assim, a contribuição sindical deixou de ser obrigatória e seu desconto em folha de pagamento deixou de ser automático, agora é necessária prévia e expressa autorização do trabalhador.

Com relação aos **períodos de descanso**, a alteração do parágrafo 4º do art. 71 da CLT indica que:

Art. 71. [...]

[...]

§ 4º A não concessão ou a concessão parcial do intervalo intrajornada mínimo, para repouso e alimentação, a empregados urbanos e rurais, implica o pagamento, de natureza indenizatória, apenas do período suprimido, com acréscimo de 50% (cinquenta por cento) sobre o valor da remuneração da hora normal de trabalho. (Brasil, 1943)

Um aspecto preocupante concerne à revogação do art. 384 da CLT, que previa, em caso de prorrogação do horário normal, obrigatoriamente um descanso de 15 minutos no mínimo, antes do início do período extraordinário do trabalho. Lembremos que o **intervalo intrajornada** diz respeito ao período destinado à alimentação ou ao repouso durante a jornada de trabalho, e a hora extra é um prolongamento dessa jornada.

A reforma da CLT, com a inclusão do Capítulo II-A, instituiu uma nova forma de prestação de serviço pelo empregado: o regime de **teletrabalho**, definido em seu art. 75-B e parágrafo único:

Art. 75-B A prestação de serviços preponderantemente fora das dependências do empregador, com a utilização de tecnologias de informação e de comunicação que, por sua natureza, não se constituam como trabalho externo.

Parágrafo único. O comparecimento às dependências do empregador para a realização de atividades específicas que exijam a presença do empregado no estabelecimento não descaracteriza o regime de teletrabalho. (Brasil, 1943)

Nos arts. 75-C a 75-E, regulamentou-se a prestação de serviço em regime de teletrabalho: devem constar expressamente do contrato individual de trabalho as especificações das atividades a serem realizadas pelo empregado. Deve estar expressa também a possibilidade de alteração entre regime presencial e de teletrabalho, mediante mútuo acordo entre as partes e o registro em aditivo contratual. Quanto à responsabilidade pela aquisição, pela manutenção ou pelo fornecimento dos equipamentos tecnológicos e da infraestrutura necessária e adequada à prestação do trabalho remoto, bem como ao reembolso de despesas arcadas pelo empregado, estas devem estar previstas em contrato escrito e o referido reembolso não integra a remuneração do empregado.

A nova redação dada ao art. 443 prevê o **trabalho intermitente** e, no parágrafo 3º, acrescido ao referido artigo, essa modalidade de trabalho é definida:

Art. 443. O contrato individual de trabalho poderá ser acordado tácita ou expressamente, verbalmente ou por escrito, por prazo determinado ou indeterminado, ou para prestação de trabalho intermitente.

[...]

§ 3º Considera-se como intermitente o contrato de trabalho no qual a prestação de serviços, com subordinação, não é contínua, ocorrendo com alternância de períodos de prestação de serviços e de inatividade, determinados em horas, dias ou meses, independentemente do tipo de atividade do empregado e do empregador, exceto para os aeronautas, regidos por legislação própria. (Brasil, 1943)

O trabalho intermitente é regulamentado pelo art. 452-A, que prevê sua celebração por escrito e especificando o valor da hora de trabalho. Esse artigo ainda estabelece que esse valor não deve ser inferior ao valor da hora do salário mínimo ou da hora dos demais empregados que exerçam a mesma função em contrato intermitente ou não.

O referido artigo também aborda a forma de convocação, que deve ocorrer por meio de comunicação eficaz, com pelo menos três dias corridos de antecedência, e a jornada a ser cumprida. Outras regras são: a recusa da prestação de serviço, a multa por descumprimento do contrato, o período de inatividade, os direitos ao final de cada período – remuneração; férias proporcionais com acréscimo de um terço; décimo terceiro salário proporcional; repouso semanal remunerado; demais adicionais legais; e obrigação do empregador de recolher as contribuições previdenciárias e depositar o Fundo de Garantia por Tempo de Serviço (FGTS).

Outra mudança relevante incidiu nos acordos informais que eram realizados entre patrão e empregado na **rescisão de contrato** – o empregado pedia ao empregador que o mandasse embora e ele devolvia a multa referente ao FGTS, que é de 40% sobre o saldo da conta vinculada e referente ao período trabalhado, pois, se o empregado apenas pedisse a conta, não poderia sacar o FGTS. Com as mudanças trabalhistas geradas pela reforma, é permitido ao empregado, em comum acordo com o empregador, rescindir o contrato de trabalho com o direito de movimentar 80% do saldo da conta vinculada do FGTS, com uma ressalva: não poderá receber o seguro-desemprego e a empresa pagará somente 20% da multa sobre o depósito da conta do FGTS e a metade do aviso-prévio, conforme estabelecido no art. 484-A:

> Art. 484-A. O contrato de trabalho poderá ser extinto por acordo entre empregado e empregador, caso em que serão devidas as seguintes verbas trabalhistas:
>
> I – por metade:
>
> a) o aviso prévio, se indenizado; e
>
> b) a indenização sobre o saldo do Fundo de Garantia do Tempo de Serviço, prevista no § 1º do art. 18 da Lei nº 8.036, de 11 de maio de 1990;

II – na integralidade, as demais verbas trabalhistas.

§ 1º A extinção do contrato prevista no *caput* deste artigo permite a movimentação da conta vinculada do trabalhador no Fundo de Garantia do Tempo de Serviço na forma do inciso I-A do art. 20 da Lei nº 8.036, de 11 de maio de 1990, limitada até 80% (oitenta por cento) do valor dos depósitos.

§ 2º A extinção do contrato por acordo prevista no *caput* deste artigo não autoriza o ingresso no Programa de Seguro-Desemprego. (Brasil, 1943)

Com relação às **férias**, o art. 134 da CLT teve seu parágrafo 1º alterado, passando a permitir, desde que haja concordância do empregado, que sejam usufruídas em até três períodos, mas um deles não poderá ser inferior a 14 dias corridos e os demais não poderão ser inferiores a 5 dias corridos, cada um.

O parágrafo 3º, incluído no referido artigo, pode ser considerado um avanço, pois veda que as férias se iniciem no período de dois dias que antecede feriado ou dia de repouso semanal remunerado; não raro isso era adotado por alguns empregadores, o que prejudicava o pleno gozo dos 30 dias de férias.

Embora a reforma trabalhista seja importante e necessária, não pode alterar direitos já conquistados em anos de lutas pela classe trabalhadora. Um exemplo de que isso pode ter ocorrido é a divisão das férias em até três períodos com a concordância do empregado. Contudo, em relação a essa alteração, há divergências. Os 30 dias corridos de férias permitem ao trabalhador a reposição de suas forças físicas, mentais e emocionais, além da convivência familiar. Quando seu gozo é fracionado, será que o trabalhador restabelece essas forças da mesma forma? Quem perde e quem ganha com isso?

Se considerarmos as análises dos especialistas sobre a importância das férias, verificamos que ela permite ao trabalhador a reposição dessas forças para o bom desempenho no trabalho, além da preservação de sua saúde e de seu bem-estar, uma vez que o cotidiano profissional, muito provavelmente, acarreta estresse elevado diante das metas e do constante processo competitivo no qual os trabalhadores estão inseridos.

Como podemos observar, muitas alterações se fizeram necessárias na CLT, em razão dos direitos constitucionais e das demais legislações regulamentadoras. Assim, desde sua promulgação, em 1943, ela tem sofrido alterações parciais. No decorrer desses anos, ocorreram alguns debates e houve propostas quanto à necessidade de reformas mais profundas em seu texto, pois consideram-na muito antiga em face das transformações sociais, principalmente depois da CF/1988, às novas configurações do mercado de trabalho, ao desenvolvimento do sistema capitalista mundial tanto em âmbito nacional quanto internacional. Apresentamos, aqui, apenas alguns dos principais aspectos da atual reforma trabalhista, ou seja, aqueles que resultaram em alterações mais diretas no cotidiano do trabalhador e que poderão ser objeto de maior reflexão no futuro.

## 3.3.2 Globalização e relações do trabalho

Há um consenso sobre a globalização, em sua configuração contemporânea, não ser uma realidade nova, mas com manifestações incipientes na década de 1970, quando teve início uma nova ordem ou estruturação socioeconômica e produtiva mundial, resultante das crises econômicas ocorridas principalmente nos países mais industrializados. Isso ensejou a ampliação das trocas entre os países diversos e a internacionalização da economia, mais especificamente em relação aos produtos manufaturados (Aranrut; Petrella, 1990). Essas trocas se intensificaram na década de 1980, ampliando os fluxos de investimentos estrangeiros. O que nos interessa nessa contextualização é demonstrar que aconteceram profundas reestruturações econômicas e produtivas diante da internacionalização da economia. Ao analisar as implicações da globalização, Santos (2001, p. 29) afirma que a consequência direta dos atuais processos de mudanças é o aumento das formas de concorrência internacional entre empresas e a intensificação das pressões competitivas, que altera a natureza dessa concorrência e a própria estrutura de mercado. Tais

# Legislação social, políticas públicas e serviço social

mudanças exigiram mais qualidade, inovação tecnológica, reorganização empresarial e flexibilização nas relações empresariais e trabalhistas.

A relação trabalhista é uma questão muito importante para o serviço social, pois, na vinculação entre capital e trabalho, o elo mais vulnerável é o empregado e, por mais que tenhamos conhecimento de toda a legislação que regula o tema, no menor sinal de recessão ou redução de produção em razão de questões socioeconômicas, quem é penalizado em primeiro lugar é o trabalhador, com a flexibilização das relações de trabalho, a terceirização da mão de obra, a redução de jornada e salário, entre outras. Para enfrentarmos o agravamento do desemprego e das repercussões da questão social, é necessária uma política pública de atenção e capacitação da mão de obra, além de investimentos público e empresarial na qualificação profissional do trabalhador. Mão de obra qualificada significa maiores chances de recolocação no mercado de trabalho e menores possibilidades de o trabalhador necessitar das ações socioassistenciais.

> A partir dos anos 1990, além da pobreza, a vulnerabilidade social tem se convertido no traço dominante, na América Latina, expondo as grandes maiorias, de forma prolongada, a condições de vida que geram medo, insegurança e indefinição face à evolução do mercado de trabalho, à retração da ação do Estado e às dificuldades no acesso e precariedade na qualidade dos serviços básico. (Cepal, 2000, citado por Arregui; Wanderley, 2009, p. 155)

A flexibilização não ocorreu apenas nas relações de trabalho. As empresas também precisaram flexibilizar suas estruturas com a adoção de novas formas ou modelos de gestão organizacional, redução dos diversos níveis hierárquicos e implementação de novas tecnologias, tornando a organização mais integrada e participativa, com vistas a superar os momentos de crise econômica e política e a concorrência interna e externa.

Outro fator de grande importância é a instabilidade política e econômica que vivenciamos e que interfere nas condições de mercado, exigindo que as empresas desenvolvam a capacidade de adaptação às mudanças e de uso de novas tecnologias. Nessa linha, exige-se que o trabalhador também se capacite e aumente seus níveis de escolarização.

Todo esse contexto faz com que a flexibilização e a precarização das relações de trabalho se ampliem e seja o trabalhador o mais vulnerável nessa estrutura, o mais penalizado – com a redução de jornada de trabalho e salário, em submissão a contratos terceirizados, ou, ainda, com demissão.

Continuando a discorrer sobre os direitos sociais, apresentaremos alguns deles, enfatizando as políticas de assistência social, dos direitos da criança e do adolescente, da saúde e do idoso como deveres do Estado e direitos dos cidadãos.

## 3.4 Trajetória da política de assistência social como direito à cidadania

No Brasil, as políticas sociais eram desenvolvidas com **caráter clientelista e assistencialista** e muitas eram postas em prática por entidades de filantropia ou religiosas. No que tange à **pobreza**, a história conta que essa situação era vista como uma incapacidade das pessoas de suprir suas necessidades básicas.

> A assistência social carrega os traços da filantropização estatal desencadeada na década de 1930, da moralização da questão social, com "tecnificação" do atendimento aos problemas, visando a "integração social", na perspectiva da adaptação à lógica de produção e aos padrões morais instituídos. Assim, a análise da institucionalização do Sistema Único de Assistência Social (SUAS) exige, nos limites da aproximação da proposta, explorar as contradições de um processo novo, construído na perspectiva da superação das formas tradicionais de gestão dos serviços sociassistenciais. (Silveira, 2007, p. 61-62)

A assistência social, conforme mencionado, era desenvolvida de forma linear, com o objetivo de oferecer serviços pontuais e fracionados, sem nenhuma forma de planejamento e, muitas vezes, sem caráter profissional, pois era exercida por voluntariado, descaracterizando a real finalidade dessa política pública.

"Assim reforçava a exclusão e os privilégios, não se configurando como mecanismo de universalização de direitos, não se sustentando em que garantissem o exercício da cidadania e a superação das condições de miserabilidade" (Colin, 2003, p. 25).

É preciso reforçar que a assistência social era entendida como objeto de solidariedade da sociedade civil, porém, cabe reforçar que, de acordo com o contexto histórico brasileiro, ocorreram diversos conflitos nessa área.

O individualismo e o abstencionismo ou neutralismo do Estado liberal provocaram imensas injustiças, e os movimentos sociais do século passado e deste especialmente, desvelando a insuficiência das liberdades burguesas, permitiram que se tivesse consciência na necessidade da justiça social, conforme no Lucas Verdú, que acrescenta: "Mas o Estado de Direito, que já não poderia justificar-se como liberal, necessitou, para enfrentar a maré social, despojar-se de sua neutralidade, integrar-se, em seu seio, a sociedade, sem renunciar ao primado do Direito". (Silva, 2004, p. 115)

> **A participação é um processo criador da reflexão da realidade, e a democracia só pode ser concretizada se houver atuação popular. Somente dessa maneira é possível a consolidação da política de assistência social.**

O Estado, então, estava reduzido ao individualismo e a ações que provocavam a alienação e aumentavam a exclusão social, pois imperavam as injustiças sociais, permitindo que apenas uma pequena parcela da população usufruísse de seus direitos.

Somente na década de 1980, passou-se a perceber os desafios que seriam consolidados na CF/1988, a qual incluiu, em seu ordenamento, a **seguridade social**. Mais tarde, houve regulamentação da política de assistência social, seguindo os preceitos legais que visam à efetivação dos direitos sociais do Estado democrático de direito.

Como vimos anteriormente, o ano de 1988 inaugura um período importante da história brasileira. Neste ano é promulgada a

Serviço social, direito e cidadania

> Constituição da República Federativa do Brasil, que reconhece a assistência social como dever de Estado no campo de Seguridade Social e não mais como política complementar, de caráter subsidiário às demais políticas. É bom lembrar que a noção de Seguridade supõe que os cidadãos tenham acesso a um conjunto de certezas e seguranças que cubram, reduzam ou previnam situações de risco e de vulnerabilidades pessoais e sociais. (Yazbek, 2008, p. 99)

Com a promulgação da Constituição de 1988, houve um considerável avanço no que se refere à **descentralização político-administrativa**, permitindo que a sociedade participasse do processo de **controle social**.

> Uma realidade indiscutível é a de que a participação é o processo existencial concreto, se produz na dinâmica da sociedade e se expressa na própria realidade cotidiana dos diversos segmentos da população. Estimular o avançar desse processo implica ter compreensão clara sobre ele e também sobre a própria realidade social na qual se processa. (Souza, 1984, p. 79)

A **participação** é um processo criador da reflexão da realidade, e a democracia só pode ser concretizada se houver **atuação popular**. Somente dessa maneira é possível a consolidação da política de assistência social.

Com os movimentos sociais da sociedade civil organizada e outros setores que reivindicavam a consolidação dos direitos fundamentais e sociais, foi elaborada a proposta da Lei Orgânica de Assistência Social (Loas), a qual foi aprovada sob o n. 8.742, em 7 de dezembro de 1993 (Brasil, 1993). Em seu art. 1º, está expresso:

> Art. 1º A assistência social, direito do cidadão e dever do Estado, é Política de Seguridade Social não contributiva, que provê os mínimos sociais, realizada através de um conjunto integrado de ações de iniciativa pública e da sociedade, para garantir o atendimento às necessidades básicas. (Brasil, 1993)

A Loas foi formalizada e, mesmo tendo traços confusos em virtude da referência que faz à submissão no quesito distributivo, representa um marco para o novo paradigma da assistência social.

> Nesse sentido, pode-se afirmar que a LOAS estabeleceu uma nova matriz para a assistência social brasileira, iniciando um processo que tem como perspectiva torná-la visível como política pública e direito dos que dela necessitarem. Um primeiro passo em direção a este fim foi a criação e instalação de conselhos deliberativos e paritários nas esferas federal, estadual, do Distrito Federal e municipal de governo [...] articulada a outras políticas do campo social voltadas à garantia de direitos e de condições dignas de vida. Desse modo, a assistência social configura-se como possibilidade de reconhecimento público da legitimidade das demandas de seus usuários e espaço de ampliação de seu protagonismo. (Yazbek, 2008, p. 102)

Com a CF/1988 e a formalização da Loas, as políticas sociais foram garantidas como deveres do Estado e direitos dos cidadãos brasileiros, sendo constituído o tripé da seguridade social (saúde, previdência e assistência social).

> Desencadear a discussão e o processo de reestruturação orgânica da política de assistência social na direção do SUAS [Sistema Único de Assistência Social], ampliando e ressignificando o atual sistema descentralizado e participativo, é retrato, portanto, do compromisso conjunto do Ministério do Desenvolvimento Social e Combate à Fome e demais gestores da política de assistência social, à frente das secretarias estaduais e municipais, da potencialização de todos os esforços políticos e administrativos necessários ao enfretamento das grandes e crescentes demandas sociais, e dos inéditos compromissos políticos assumidos pelo novo governo federal. (Brasil, 2004b, p. 13)

Rompendo com o passado, a reestruturação da assistência social contempla as demandas sociais que há tempos clamavam por reconhecimento e, nesse momento, fazem jus à sua efetivação, garantindo o exercício da cidadania e, principalmente, responsabilizando o Estado por sua aplicabilidade em todas as esferas de governo.

> O SUAS permite, especialmente, a articulação de serviços, programas, projetos e benefícios socioassistenciais, a universalização de acessos territorializados e a hierarquização de serviços por níveis de complexidade e porte de município, com repactuação de responsabilidades entre os entes federados. Sua regulamentação, por meio de base legal, como a nova NOB/Suas e outros instrumentos

> jurídico-normativos necessários para a unificação pretendida, tem impulsionado o reordenamento das redes socioassistenciais para os atendimentos dos sujeitos de direitos, na direção da superação de ações segmentadas, fragmentadas, pontuais, sobrepostas e assistencialistas, para a garantia de um sistema unificado, continuado e afiançador de direitos, no enfrentamento das perversas formas de opressão, violência e pauperização vivenciadas pela maioria da população. (Silveira, 2007, p. 61-62)

Essa articulação de serviços, programas, projetos e benefícios socioassistenciais está focada na adoção de novos procedimentos de gestão, para regularizar e organizar, em todos os estados brasileiros, os serviços na esfera da assistência social, definindo como prioridade as famílias. Conforme consta na Política Nacional de Assistência Social (Brasil, 2004b), há ainda a necessidade de reordenar os serviços de proteção social básica (que trata da situação de vulnerabilidade das pessoas e de suas famílias) e de proteção social especial (que trata da violação de direitos).

Para que isso seja possível, a Administração Pública precisa lidar com a necessidade de elaboração de **contrato de gestão**, que nada mais é do que o

> elemento estratégico para a reforma do aparelho administrativo do Estado. Ele não apresenta uniformidade de tratamento nas várias leis que o contemplam, mas sua finalidade básica é possibilitar à Administração Superior fixar metas e prazos de execução a serem cumpridos pela entidade privada ou pelo ente da Administração indireta, a fim de permitir melhor controle de resultados [...] Como na Administração Pública domina o princípio da legalidade, o contrato de gestão não é fonte de direitos. Ele é simplesmente um fato jurídico que permite a aplicação de determinados benefícios previstos em lei. (Meirelles, 2007, p. 256-257)

Com relação ao contrato de gestão, é importante frisar que a Política Nacional de Assistência Social, por meio do Sistema Único de Assistência Social (Suas) –, de certa forma, tem interesse real em reordenar as ações assistenciais, as quais não estavam sendo tratadas no passado com a devida importância e eram executadas de forma que não permitiam a autonomia dos cidadãos.

Por sua vez, os incisos do art. 4º da Lei n. 8.742/1993 (Loas) estabelecem os princípios que regem a assistência social:

> Art. 4º A assistência social rege-se pelos seguintes princípios:
>
> I – supremacia do atendimento às necessidades sociais sobre as exigências de rentabilidade econômica;
>
> II – universalização dos direitos sociais, a fim de tornar o destinatário da ação assistencial alcançável pelas demais políticas públicas;
>
> III – respeito à dignidade do cidadão, à sua autonomia, e ao seu direito a benefícios e serviços de qualidade, bem como à convivência familiar e comunitária vedando-se qualquer comprovação vexatória de necessidade;
>
> IV – igualdade de direitos no acesso ao atendimento, sem discriminação de qualquer natureza, garantindo-se equivalência às populações urbanas e rurais;
>
> V – divulgação ampla de benefícios, serviços, programas e projetos assistenciais, bem como dos recursos oferecidos pelo Poder Público e dos critérios para sua concessão. (Brasil, 1993)

O objetivo da Política Pública de Assistência Social é exercido integralmente ao lado das políticas setoriais, levando em consideração as desigualdades sociais em cada espaço territorial e buscando alternativas para garantir os direitos sociais das pessoas por meio de ações que promovam a equidade social.

> O SUAS possibilitou, nos primeiros anos de sua implementação, a construção de referência estatal na regulação e na expansão unificada do acesso a um direito que possui uma complexa peculiaridade: é específico no acesso à proteção social não contributiva, ou seja, na transferência de renda necessária ao enfrentamento da questão social cuja base expressa desigualdade estrutural, com histórico de ampliação significativa da riqueza na mesma proporção do crescimento da pobreza, e de uma cultura de criminalização e controle dos pobres; é transversal na medida em que sua dimensão assistencial comparece nas demais políticas e nas medidas necessárias à efetivação da proteção social, ocupando o lugar de uma política estratégica na ampliação da agenda pública para ao demais direitos. (Silveira, 2011, p. 10)

Por fim, essa ênfase que se construiu com a Política Nacional de Assistência Social quanto à implementação do Suas pode ser

Serviço social, direito e cidadania

definida como marco democratizador, pois impulsiona formas de controle social que vão além daqueles da Administração Pública tradicional, com base em um pressuposto descentralizador e emancipador.

# 3.5 Direitos da criança e do adolescente

A política dos direitos da criança e do adolescente passou por transformações importantes no decorrer dos tempos. Antes, tinha caráter repressor, punitivo e discriminatório; agora, a perspectiva é de garantia dos direitos e da prioridade absoluta, com as crianças e os adolescentes considerados sujeitos de direitos, ou melhor, crianças cidadãs e adolescente cidadãos.

O primeiro Código de Menores, instituído em 1927, deu início à formulação de modelos de atendimento, mas não acarretou melhorias nas condições de pobreza ou miséria nem mudanças nas condições de vida da criança. Ao contrário, o código criminalizava a pobreza, ou seja, submetia os menores a medidas judiciais sempre que sua conduta fosse enquadrada no que estava definido em lei, tratando-os em pé de igualdade com os menores infratores. Fica evidente que não tinha nenhum compromisso com a resolução do problema do menor, pois apenas trazia soluções paliativas, sem nada transformar.

Em 1979, foi editado o novo Código de Menores, em substituição ao anterior, de 1927. Apesar do tempo transcorrido entre um e outro, o novo não trouxe mudanças expressivas no tocante ao tratamento dispensado à criança e ao adolescente; pelo contrário, em seus pressupostos, considerava os que estavam em situação de pobreza ou miserabilidade uma ameaça à ordem vigente, ou seja, o código continuou como instrumento de repressão, correção, estabelecendo os mesmos modelos existentes até então, reafirmando a doutrina da situação irregular do menor.

Legislação social, políticas públicas e serviço social

Depois da promulgação da CF/1998, a concepção dos direitos da criança e do adolescente foi revisada, pois estes deixaram de ser vistos como menores em situação irregular e objeto de medidas judiciais, passando a ser considerados **sujeitos de direitos** em condição peculiar de desenvolvimento com proteção integral. A CF/1988 dispôs sobre as políticas sociais como instrumentos de efetivação dos direitos sociais, integrando o rol de direitos e garantias fundamentais. Em seu art. 227, assim estabeleceu:

> Art. 227. É dever da família, da sociedade e do Estado, assegurar à criança, ao adolescente e ao jovem, com absoluta prioridade, o direito à vida, à alimentação, à educação, ao lazer, à profissionalização, à cultura, à dignidade, ao respeito, à liberdade e à convivência familiar e comunitária, além de colocá-los a salvo de toda forma de negligência, discriminação, exploração, violência, crueldade e opressão. (Brasil, 1988)

Segundo, Sêda e Sêda (2005), esse artigo condensa os 54 constantes na Convenção da ONU, tratado internacional cujas cláusulas foram incluídas no direito constitucional brasileiro por meio do parágrafo 2º do art. 5º da CF/1988. Portanto, é dever da família, da sociedade e do Estado oferecer absoluta prioridade na atenção e no atendimento dos direitos da criança e do adolescente, tendo em vista a mudança de entendimento: de menores passaram a ser sujeitos de direitos.

Ainda, de acordo com o art. 228, as crianças e os adolescentes deixaram de ser culpabilizados como adultos e passaram a ser responsabilizados de acordo com uma legislação especial, pois o entendimento é de que os menores de 18 anos são penalmente inimputáveis:

> Art. 228 São penalmente inimputáveis os menores de dezoito anos, sujeitos às normas da legislação especial. (Brasil, 1988)

O texto constitucional foi elaborado considerando o atendimento e a defesa dos direitos da criança e do adolescente, prevendo **medidas socioeducativas** em caso de ato infracional.

Outro aspecto importante diz respeito ao dever dos pais de assistir, criar e educar. Eles, independentemente da situação sociofamiliar ou econômica, têm responsabilidade com seus filhos, como preceitua o art. 229:

> Art. 229. Os pais têm o dever de assistir, criar e educar os filhos menores, e os filhos maiores têm o dever de ajudar e amparar os pais na velhice, carência ou enfermidade. (Brasil, 1988)

Essa obrigação dos pais lhes é imposta em razão do fato de estes não terem meios próprios para seu sustento. Quando alcançada a maioridade civil, no entanto, os pais continuam a assistir, mas em virtude das relações de parentesco existentes, mas não mais pela obrigação legal.

## 3.5.1 Estatuto da Criança e do Adolescente

O Estatuto da Criança e do Adolescente (ECA) foi aprovado pela Câmara em 28 de julho de 1990 e sancionado pelo presidente da República como a Lei n. 8.069, de 19 de setembro de 1990 (Brasil, 1990a). No entanto, só entrou em vigor no dia 12 de outubro do mesmo ano. Seu art. 1º esclarece que esse dispositivo legal se refere à "proteção integral à criança e ao adolescente" (Brasil, 1990a).

Segundo Rizzini (2000, p. 7), o ECA é como qualquer outra lei: "Apresenta contradições, avanços e retrocessos. E nunca irá satisfazer a todos os interesses. É algo novo, vivo, em movimento – sempre sujeito às pressões para constantes reformulações, em todos os tempos".

Apesar dessas considerações, o ECA promoveu mudanças significativas no Código de Menores, pois eliminou a conotação discriminatória e perversa do paradigma da situação irregular do menor, passando a conceber a criança e o adolescente como sujeitos de direitos.

Em seu art. 1º, ainda, diferencia a criança do adolescente de acordo com a faixa etária, considerando **criança** a pessoa de até 12 anos

Legislação social, políticas públicas e serviço social

de idade incompletos e **adolescente** aquela entre 12 e 18 anos. Excepcionalmente, o ECA pode ser aplicado a pessoas com idade entre 18 e 21 anos.

Também faz distinção entre criança e adolescente para a aplicação das normas legais, seja quanto à proteção integral, seja quanto à aplicação de medidas socioeducativas, respeitando as fases do desenvolvimento de ambos.

De acordo com o texto dos arts. 3º e 4º do ECA, à criança e ao adolescente são garantidos todos os direitos fundamentais inerentes à pessoa humana, estando sujeitos à proteção integral, com absoluta prioridade ao direitos a vida, saúde, alimentação, educação, lazer, profissionalização, cultura, dignidade, respeito, liberdade e convivência familiar e comunitária, salvos de toda forma de negligência, discriminação, exploração, violência, crueldade e opressão.

É importante também ressaltar que o art. 5º do ECA determina que nenhuma criança ou adolescente pode ser objeto de qualquer forma de negligência, discriminação, exploração, violência, crueldade e opressão, estando prevista punição na forma da lei para qualquer atentado, por ação ou omissão, a seus direitos fundamentais. Nessa determinação, há uma imposição em relação ao dever de todos, ou seja, família, Estado e sociedade, de zelar pelo cumprimento dos direitos assegurados à criança e ao adolescente, a fim de que não sejam violados.

O art. 6º do ECA prevê que a interpretação dessa lei deve considerar os fins sociais, o bem comum, os direitos e deveres e a condição peculiar da criança e do adolescente (pessoas em desenvolvimento). Podemos notar, então, que o ECA foi inovador também ao estabelecer a doutrina da proteção integral, mediante a garantia dos direitos fundamentais, possibilitando a efetivação na prática da dignidade da pessoa humana, além de determinar que a proteção é dever da família, da sociedade e do Estado.

## 3.5.2 Conselho dos Direitos da Criança e do Adolescente

O Conselho dos Direitos da Criança e do Adolescente é composto de forma paritária, com o mesmo número de representantes do Poder Público e de representantes da sociedade civil, sendo um órgão formulador e deliberador das políticas públicas de atendimento às crianças e aos adolescentes. É também gestor do Fundo dos Direitos da Criança e do Adolescente a que estiver vinculado. Tem ainda a atribuição de estabelecer os critérios de utilização dos recursos que compõem o fundo, conforme o art. 260, parágrafo 2º, do ECA.

Outras responsabilidades desse Conselho são: registrar entidades não governamentais de atendimento a crianças e adolescente; realizar a inscrição dos programas desenvolvidos e do regime desse atendimento, tanto das entidades governamentais quanto das não governamentais (arts. 90 e 91 do ECA); ou negar registros àquelas entidades que: apresentam plano de ação não compatível com a Política dos Direitos da Criança e do Adolescente; não oferecem espaço e condições físicas adequadas e de segurança ou de salubridade; estão constituídas de forma irregular ou têm, em seu quadro diretivo, pessoas inidôneas (ECA, art. 91, parágrafo 1º).

Constatada qualquer irregularidade quando do pedido do registro ou quando das visitas de monitoramento realizadas pelo Conselho, deve haver comunicação ao conselho tutelar respectivo e à autoridade judiciária local para as medidas necessárias quanto à garantia dos direitos das crianças e dos adolescentes.

O Conselho e o Fundo devem ser institutos nas três esferas de governo: federal, estadual e municipal.

Legislação social, políticas públicas e serviço social

## 3.5.3 Política de atendimento

A política de atendimento dos direitos da criança e do adolescente é estabelecida pelo art. 86 do ECA e se efetiva por meio de um conjunto articulado de ações governamentais e não governamentais da União, dos estados, do Distrito Federal e dos municípios.

Para que esse conjunto articulado de ações seja efetivo, é necessário que o sistema de garantia esteja articulado, ou seja, todos os atores do sistema de garantias devem estar envolvidos e comprometidos com a efetivação dessa política de forma intersetorial e por meio do trabalho em rede. Quanto às linhas de ação dessa política, o art. 87 do ECA assim estabelece:

Art. 87. São linhas de ação da política de atendimento:

I – políticas sociais básicas;

II – serviços, programas, projetos e benefícios de assistência social de garantia de proteção social e de prevenção e redução de violações de direitos, seus agravamentos ou reincidências;

III – serviços especiais de prevenção e atendimento médico e psicossocial às vítimas de negligência, maus-tratos, exploração, abuso, crueldade e opressão;

IV – serviço de identificação e localização de pais, responsável, crianças e adolescentes desaparecidos;

V – proteção jurídico-social por entidades de defesa dos direitos da criança e do adolescente.

VI – políticas e programas destinados a prevenir ou abreviar o período de afastamento do convívio familiar e a garantir o efetivo exercício do direito à convivência familiar de crianças e adolescentes;

VII – campanhas de estímulo ao acolhimento sob forma de guarda de crianças e adolescentes afastados do convívio familiar e à adoção, especificamente inter-racial, de crianças maiores ou de adolescentes, com necessidades específicas de saúde ou com deficiências e de grupos de irmãos. (Brasil, 1990a)

Há um conjunto de políticas que compõem as linhas de ação estabelecidas para que se priorize o atendimento dos direitos da criança e do adolescente, tanto nos aspectos de políticas de promoção, proteção e defesa dos direitos, quanto nos de proteção especial e de políticas básicas, além da política e de programas de assistência social.

Nesse elenco de políticas e ações, algumas são de responsabilidade do Estado – como as políticas básicas, conforme determinam os pressupostos constitucionais – e algumas são suplementares, mas sua ausência pode comprometer a proteção e a defesa dos direitos das crianças e dos adolescentes. Para que se efetive o princípio da primazia e da doutrina de sujeitos de direitos, há a necessidade da articulação das ações e das entidades governamentais e não governamentais.

## 3.5.4 Instituições de atendimento

O art. 90 do ECA assim estabelece:

> Art. 90. As entidades de atendimento são responsáveis pela manutenção das próprias unidades, assim como pelo planejamento e execução de programas de proteção e socioeducativos destinados a crianças e adolescentes, em regime de:
>
> I – orientação e apoio sociofamiliar;
>
> II – apoio socioeducativo em meio aberto;
>
> III – colocação familiar;
>
> IV – acolhimento institucional;
>
> V – prestação de serviços à comunidade;
>
> VI – liberdade assistida;
>
> VII – semiliberdade; e
>
> VIII – internação. (Brasil, 1990a)

As entidades são mantidas com recursos próprios, mas as ações desenvolvidas podem ser financiadas pelo Poder Público ou via fundo dos direitos. De acordo com as normas estabelecidas e a deliberação do Conselho, podem ocorrer em parceria com a esfera pública para ampliar as possibilidades de inserção e a participação dos adolescentes nos programas socioeducativos ou, ainda, para capacitação ao mercado de trabalho.

## 3.5.5 Fundo dos Direitos da Criança e do Adolescente

A Lei n. 4.320, de 17 de março de 1964, em seus arts. 71 a 74, estabelece:

Art. 71. Constitui fundo especial o produto de receitas especificadas que, por lei, se vinculam à realização de determinados objetivos ou serviços, facultada a adoção de normas peculiares de aplicação.

Art. 72. A aplicação das receitas orçamentárias vinculadas a fundos especiais far-se-á através de dotação consignada na Lei de Orçamento ou em créditos adicionais.

Art. 73. Salvo determinação em contrário da lei que o instituiu, o saldo positivo do fundo especial apurado em balanço será transferido para o exercício seguinte, a crédito do mesmo fundo.

Art. 74. A lei que instituir fundo especial poderá determinar normas peculiares de controle, prestação e tomada de contas, sem, de qualquer modo, elidir a competência específica do Tribunal de Contas ou órgão equivalente. (Brasil, 1964)

Além de definir o que é fundo e suas normatizações, a lei estatui também as normas gerais de direito financeiro para elaboração e controle dos orçamentos e balanços da União, dos estados, dos municípios e do Distrito Federal. Os fundos têm por objetivo receber os recursos destinados a manter as políticas para o atendimento dos direitos da criança e dos adolescentes, por meio do financiamento da execução de seus programas e ações destinadas à promoção, à proteção, à defesa e à garantia dos direitos desses sujeitos.

Assim, o Fundo dos Direitos da Criança e do Adolescente compõe o orçamento e a contabilidade pública, devendo ser instituído como uma das diretrizes da política de atendimento dos direitos da criança e do adolescente, conforme preceituado no art. 88, inciso IV, da Lei n. 8.069/1990, bem como no art. 2º da Resolução do Conselho Nacional dos Direitos da Criança e do Adolescente (Conanda) n. 137, de 21 de janeiro de 2010, indicado a seguir:

> Art. 2º Os Fundos dos Direitos da Criança e do Adolescente devem ser vinculados aos Conselhos dos Direitos da Criança e do Adolescente do respectivo ente federado, órgãos formuladores, deliberativos e controladores das ações de implementação da política dos direitos da criança e do adolescente, responsáveis por gerir os fundos, fixar critérios de utilização e o plano de aplicação dos seus recursos, conforme o disposto no § 2º do art. 260 da Lei n. 8.069, de 1990. (Brasil, 2010)

O Fundo dos Direitos da Criança e do Adolescente é composto de: (a) receitas obrigatoriamente disponibilizadas no orçamento, ou seja, dotação orçamentária e créditos adicionais em razão da primazia do atendimento da criança e do adolescente; (b) doações de pessoas jurídicas que apuram seu Imposto de Renda pelo Lucro Real; (c) doação de pessoas físicas que fazem sua declaração com cálculo do Imposto de Renda devido, apurado no modelo completo; e (d) doação de bens, multas e penalidades administrativas.

Para explicitar a origem dessas doações, consideremos alguns conceitos:

* **Dotação orçamentária** – Diz respeito à parte mais significativa dos recursos que compõem o fundo, a qual deve ser oriunda do Poder Público, em razão do disposto no art. 227 da CF/1988, que preconiza a prioridade absoluta quanto à destinação desses recursos aos programas de atendimento à criança e ao adolescente, nos termos do art. 4º, parágrafo único, do ECA.
* **Créditos adicionais** – Têm por objetivo suplementar os recursos dos fundos quando os disponibilizados são insuficientes para o atendimento e a cobertura das despesas, nos termos da lei.

Legislação social, políticas públicas e serviço social

※ **Doações de pessoas jurídicas** – Refere-se ao direito da pessoa jurídica que faz sua declaração de Imposto de Renda com base no Lucro Real de deduzir e doar ao fundo até 1% do imposto devido.

※ **Doação de pessoas físicas** – É o direito de toda pessoa física que faz sua declaração anual do Imposto de Renda no modelo completo de doar até 6% do imposto devido ao fundo. Essa doação deve ser feita no ano-base, ou até o dia 30 de abril do ano seguinte, data-limite para entrega da declaração, mas no limite máximo de 3% do imposto devido, conforme art. 260-A do ECA. De acordo com o art. 260-G do Estatuto, o órgão responsável pelo fundo deve manter conta bancária específica, bem como elaborar e encaminhar à Receita Federal a Declaração de Benefícios Fiscais (DBF) até o dia 30 de abril. É obrigatório emitir recibo em nome do doador, seja pessoa jurídica, seja pessoa física.

※ **Doação de bens** – Pode ser feita tanto por pessoa jurídica quanto por pessoa física, podendo ser deduzida do imposto devido, desde que nos limites legais. O ECA, em seu art. 260-E, estabelece os requisitos para que o doador possa usufruir desse benefício e, quando se tratar de bens permanentes, estes serão incorporados ao patrimônio do ente público, mas obrigatoriamente disponibilizados ao Conselho dos Direitos da Criança e do Adolescente, que deliberará sobre sua destinação.

※ **Multas e penalidades administrativas** – As multas resultantes de condenação civil ou as penalidades previstas nos arts. 228 e 258 do ECA deverão ser revertidas ao Fundo dos Direitos da Criança e do Adolescente, nos termos dos arts. 154 e 214 do Estatuto.

※ **Outras receitas** – Referem-se aos repasses financeiros que podem ser realizados pelos órgãos federais e estaduais, incluindo os do tipo fundo-fundo entre as esferas governamentais e previstos em normativas específicas. São, ainda, doações de entidades nacionais ou internacionais e resultados de aplicações financeiras ou de contribuições voluntárias.

Serviço social, direito e cidadania

O resultado financeiro que compõe o fundo deve ser disponibilizado em conta específica em nome do fundo, e sua aplicação deve ocorrer mediante deliberação do Conselho dos Direitos da Criança e do Adolescente, destinando-se ao financiamento de ações governamentais ou não governamentais.

As entidades precisam, obrigatoriamente, fazer seu registro no Conselho, bem como a inscrição dos projetos executados por ela para que estes possam ser financiados pelo fundo.

A aplicação dos recursos deve observar o plano de aplicação previamente aprovado pelo Conselho, bem como o plano de ação elaborado com base nas demandas da sociedade e em um diagnóstico da realidade da criança e do adolescente no município, o qual delibere sobre as prioridades no atendimento da criança e do adolescente.

Outro aspecto importante concernente ao fundo é que ele deve ser criado por lei do próprio município a que pertence, a qual deve estabelecer a que órgão o fundo estará vinculado, seus objetivos, sua vinculação ao Conselho e, ainda, a composição de sua receita, a destinação dos recursos que o compõem, a forma de gestão, a execução e a prestação de contas. Deve, ainda, estar adequado ao que preceituam os arts. 71 a 74 da Lei n. 4.320/1964 e ao que estabelecem os arts. 260 a 260-K do ECA.

Conforme determina a Receita Federal do Brasil, os fundos devem ser inscritos no Cadastro Nacional de Pessoa Jurídica (CNPJ), mesmo não sendo órgãos da Administração Pública nem pessoa jurídica. Por essa razão, devem estar vinculados administrativamente a um órgão do Poder Público, que deverá ser o mesmo a que o Conselho esteja integrado.

Ainda no tocante aos dois órgãos em foco, analisemos o teor do art. 260-I do ECA e do parágrafo único do art. 9º da Resolução do Conanda n. 137/2010:

> Art. 260-I. Os Conselhos dos Direitos da Criança e do Adolescente nacional, estaduais, distrital e municipais divulgarão amplamente à comunidade:
>
> I – o calendário de suas reuniões;
>
> II – as ações prioritárias para aplicação das políticas de atendimento à criança e ao adolescente;

III – os requisitos para a apresentação de projetos a serem beneficiados com recursos dos Fundos dos Direitos da Criança e do Adolescente nacional, estaduais, distrital ou municipais;

IV – a relação dos projetos aprovados em cada ano-calendário e o valor dos recursos previstos para implementação das ações, por projeto;

V – o total dos recursos recebidos e a respectiva destinação, por projeto atendido, inclusive com cadastramento na base de dados do Sistema de Informações sobre a Infância e a Adolescência; e

VI – a avaliação dos resultados dos projetos beneficiados com recursos dos Fundos dos Direitos da Criança e do Adolescente nacional, estaduais, distrital e municipais. (Brasil, 1990a)

Art. 9º [...]

Parágrafo único. Para o desempenho de suas atribuições, o Poder Executivo deverá garantir ao Conselho dos Direitos da Criança e do Adolescente o suficiente e necessário suporte organizacional, estrutura física, recursos humanos e financeiros. (Brasil, 2010)

O Conselho é órgão gestor dos recursos do Fundo dos Direitos da Criança e do Adolescente e atua de forma participativa e democrática, pois, sendo composto paritariamente de representantes do Poder Público e da sociedade civil, tem caráter deliberativo e integra a estrutura do Poder Executivo.

Cabe ao Poder Executivo disponibilizar todas as estruturas física, organizacional, financeira e de recursos humanos necessárias à consecução de seus objetivos, conforme preceituado no parágrafo único do art. 9º da Resolução Conanda n. 137/2010. Ademais, o mesmo dispositivo estabelece que, para o desempenho de suas atribuições, o Poder Executivo deverá garantir ao Conselho dos Direitos da Criança e do Adolescente o suficiente e necessário suporte organizacional, a estrutura física e os recursos humanos e financeiros.

### 3.5.6 Conselho Tutelar

Outro órgão de suma importância na garantia dos direitos da criança e do adolescente é o Conselho Tutelar, que, de acordo com o art. 131 do ECA: "é órgão permanente e autônomo, não jurisdicional, encarregado pela sociedade de zelar pelo cumprimento dos direitos da criança e do adolescente" (Brasil, 1990a). Consoante o art. 132, o Conselho Tutelar deve ser instituído:

> Art. 132. Em cada Município e em cada Região Administrativa do Distrito Federal haverá, no mínimo, 1 (um) Conselho Tutelar como órgão integrante da administração pública local, composto de 5 (cinco) membros, escolhidos pela população local para mandato de 4 (quatro) anos, permitida 1 (uma) recondução, mediante novo processo de escolha. (Brasil, 1990a)

Quanto aos requisitos para candidatura à eleição ao Conselho Tutelar, o art. 133 prevê: ter reconhecida idoneidade moral; ter idade superior a 21 anos; residir no município, ou seja, ser cidadão livre de qualquer suspeita quanto à idoneidade; e conhecer o contexto em que atuará se eleito. Para complementar, segue o teor dos arts. 134 e 135:

> Art. 134. Lei municipal ou distrital disporá sobre o local, dia e horário de funcionamento do Conselho Tutelar, inclusive quanto à remuneração dos respectivos membros [...].
>
> Parágrafo único. Constará da lei orçamentária municipal e da do Distrito Federal previsão dos recursos necessários ao funcionamento do Conselho Tutelar e à remuneração e formação continuada dos conselheiros tutelares.
>
> Art. 135. O exercício efetivo da função de conselheiro constituirá serviço público relevante e estabelecerá presunção de idoneidade moral. (Brasil, 1990a)

Desde 2012, os profissionais do Conselho Tutelar têm alguns direitos assegurados em lei, tais como: cobertura previdenciária; gozo de férias anuais remuneradas, acrescidas de um terço do valor da remuneração mensal; licença-maternidade;

# Legislação social, políticas públicas e serviço social

licença-paternidade; e gratificação natalina. Até aquela data, o único benefício recebido era um subsídio mensal estabelecido pelo ente público respectivo, mediante legislação própria, nos termos do art. 134 do ECA.

O órgão público do ente federativo, na esfera estadual, municipal ou federal, ao qual o Conselho Tutelar estiver vinculado deve estabelecer em lei orçamentária a previsão dos recursos necessários ao funcionamento e à manutenção, além da remuneração e da formação continuada dos profissionais do Conselho Tutelar. As atribuições do Conselho Tutelar estão previstas no art. 136 do Estatuto:

Art. 136. São atribuições do Conselho Tutelar:

I – atender as crianças e adolescentes nas hipóteses previstas nos arts. 98 e 105, aplicando as medidas previstas no art. 101, I a VII;

II – atender e aconselhar os pais ou responsável, aplicando as medidas previstas no art. 129, I a VII;

III – promover a execução de suas decisões, podendo para tanto:

a) requisitar serviços públicos nas áreas de saúde, educação, serviço social, previdência, trabalho e segurança;

b) representar junto à autoridade judiciária nos casos de descumprimento injustificado de suas deliberações.

IV – encaminhar ao Ministério Público notícia de fato que constitua infração administrativa ou penal contra os direitos da criança ou adolescente;

V – encaminhar à autoridade judiciária os casos de sua competência;

VI – providenciar a medida estabelecida pela autoridade judiciária, dentre as previstas no art. 101, de I a VI, para o adolescente autor de ato infracional;

VII – expedir notificações;

VIII – requisitar certidões de nascimento e de óbito de criança ou adolescente quando necessário;

IX – assessorar o Poder Executivo local na elaboração da proposta orçamentária para planos e programas de atendimento dos direitos da criança e do adolescente;

> X – representar, em nome da pessoa e da família, contra a violação dos direitos previstos no art. 220, § 3º, inciso II, da Constituição Federal;
>
> XI – representar ao Ministério Público para efeito das ações de perda ou suspensão do poder familiar, após esgotadas as possibilidades de manutenção da criança ou do adolescente junto à família natural;
>
> XII – promover e incentivar, na comunidade e nos grupos profissionais, ações de divulgação e treinamento para o reconhecimento de sintomas de maus-tratos em crianças e adolescentes. (Brasil, 1990a)

Podemos constatar que o papel do conselheiro tutelar é de grande importância para que se garantam os direitos da criança e do adolescente, visto que essa defesa precisa ocorrer sempre que algum de seus direitos seja violado.

O conselheiro tutelar pode deliberar, agir e aplicar medidas de proteção que entender mais adequadas às crianças e aos adolescentes, sem interferência de qualquer natureza, e suas decisões somente poderão ser revistas pela autoridade judiciária a pedido de quem tenha legítimo interesse.

O Poder Executivo tem a obrigação de manter a estrutura necessária para a implantação, o funcionamento e a permanência do Conselho Tutelar no município, seja em relação à estrutura física, ao veículo necessário à locomoção, ao local de funcionamento adequado para suas atividades e às despesas necessárias ao pleno exercício de suas atribuições.

# 3.5.7 Sistema de Garantia dos Direitos da Criança e do Adolescente

A definição do Sistema de Garantia dos Direitos da Criança e do Adolescente (SGDCA) está contemplada no art. 1º da Resolução do Conanda n. 113, de 19 de abril de 2006:

> Art. 1º O Sistema de Garantia dos Direitos da Criança e do Adolescente constitui-se na articulação e integração das instâncias públicas governamentais e da sociedade civil, na aplicação de instrumentos

Legislação social, políticas públicas e serviço social

normativos e no funcionamento dos mecanismos de promoção, defesa e controle para a efetivação dos direitos humanos da criança e do adolescente, nos níveis Federal, Estadual, Distrital e Municipal. (Brasil, 2006b)

O art. 2º da referida Resolução define as competências desse sistema:

> Art. 2º Compete ao Sistema de Garantia dos Direitos da Criança e do Adolescente promover, defender e controlar a efetivação dos direitos civis, políticos, econômicos, sociais, culturais, coletivos e difusos, em sua integralidade, em favor de todas as crianças e adolescentes, de modo que sejam reconhecidos e respeitados como sujeitos de direitos e pessoas em condição peculiar de desenvolvimento; colocando-os a salvo de ameaças e violações a quaisquer de seus direitos, além de garantir a apuração e reparação dessas ameaças e violações. (Brasil, 2006b)

E, ainda, conforme art. 5º, da Resolução Conanda n. 113/2006, os órgãos públicos e as organizações da sociedade civil que integram esse sistema devem exercer suas funções, em rede, com base em três eixos estratégicos de ação: "I – defesa dos direitos humanos; II – promoção dos direitos humanos; e III – controle da efetivação dos direitos humanos" (Brasil, 2006b).

O SGDCA se articula e se integra aos demais órgãos e organizações governamentais e não governamentais que desenvolvem a política de atendimento dos direitos da criança e do adolescente – na promoção, na defesa e no controle social de ações desses direitos.

É válido reiterar que a legislação assegura os direitos de todas as crianças e adolescentes, sem qualquer tipo de discriminação, considerando-os pessoas em condição peculiar de desenvolvimento. Dessa forma, a doutrina da proteção integral aponta a ocorrência de um grande avanço na formulação de políticas públicas na área de crianças e adolescentes, as quais exigem que cada cidadão e cada membro do Poder Público destaquem esses sujeitos como prioridade nas ações a serem desenvolvidas.

## 3.6 Política pública de saúde e Sistema Único de Saúde

O direito à saúde, no modelo de política de saúde brasileira anterior à CF/1988, era do tipo excludente, ou seja, o acesso era permitido aos que podiam pagar os serviços privados ou aos trabalhadores que tinham carteira de trabalho com vínculo empregatício. Aqueles que não se enquadravam nessas duas formas de acesso eram excluídos. Paulus Júnior e Cordoni Júnior (2006, p. 17) afirmam que:

> A Constituição Federal de 1988 deu nova forma à saúde no Brasil, estabelecendo-a como direito universal. A saúde passou a ser dever constitucional de todas as esferas de governo sendo que antes era apenas da União e relativo ao trabalhador segurado. O conceito de saúde foi ampliado e vinculado às políticas sociais e econômicas. A assistência é concebida de forma integral (preventiva e curativa). Definiu-se a Gestão Participativa como importante inovação, assim como comando e fundos financeiros únicos para cada esfera de governo.

O país migrou, então, de uma política de saúde seletiva e excludente para um modelo de caráter universal: direito de todos e dever do Estado. Assim, a partir da CF/1988, um novo cenário se instala em relação à política pública de saúde no Brasil. Vamos analisá-lo iniciando pelos arts. 196 e 197:

> Art. 196. A saúde é direito de todos e dever do Estado, garantido mediante políticas sociais e econômicas que visem à redução do risco de doença e de outros agravos e ao acesso universal e igualitário às ações e serviços para sua promoção, proteção e recuperação.
>
> Art. 197. São de relevância pública as ações e serviços de saúde, cabendo ao Poder Público dispor, nos termos da lei, sobre sua regulamentação, fiscalização e controle, devendo sua execução ser feita diretamente ou através de terceiros e, também, por pessoa física ou jurídica de direito privado. (Brasil, 1988)

Legislação social, políticas públicas e serviço social

Assim, consagram-se a saúde como dever do Estado e direito do cidadão e o acesso de forma universal e igualitária, tanto às ações quanto aos serviços, cabendo ao Estado sua regulamentação, sua fiscalização, seu controle e sua execução. Essa regulamentação foi dada pelas Leis Orgânicas da Saúde n. 8.080, de 19 de setembro de 1990 (Brasil, 1990b) e n. 8.142, de 28 de dezembro de 1990 (Brasil, 1990c). A oferta da política pública de saúde pode ser realizada diretamente pelo Poder Público, terceirizada ou efetuada pela iniciativa privada.

Lucchese (2002) ressalta que a seguridade social criou um novo ideário social a partir de 1988, o qual:

> determinou a formulação de uma estrutura de proteção social abrangente (universalidade da cobertura e do atendimento), justa (uniformidade e equivalência dos benefícios e serviços às populações urbanas e rurais), equânime (equidade na forma de participação do custeio) e democrática (caráter democrático e descentralizado na gestão administrativa), onde caberia ao Estado a provisão e o dever de atenção.
>
> [...] No que diz respeito especificamente à saúde vale ressaltar ainda a Emenda Constitucional n. 29 de 13 de setembro de 2000. Esta emenda "definiu a participação das esferas federal, estadual e municipal de governo no financiamento das ações e serviços públicos de saúde". (Lucchese, 2002, p. 18, 37)

Assim como as demais políticas públicas, a saúde também teve grandes alterações em sua organização e sua efetivação como direito do cidadão e dever do Estado. A partir da promulgação da CF/1988, a saúde adquiriu novo *status*, garantindo-se sua universalidade e a equidade dos direitos a todos, devendo sua gestão ser realizada por todos os entes federativos: União, estados, Distrito Federal e municípios, caracterizando a descentralização político-administrativa dessa política pública.

Outro aspecto que devemos considerar é que só a partir da aprovação da Emenda Constitucional (EC) n. 29, de 13 de setembro de 2000 (Brasil, 2000) instituiu-se a garantia do financiamento do Sistema Único de Saúde (SUS).

Serviço social, direito e cidadania

A CF/1988, em seu art. 198, dispõe que as ações e os serviços públicos de saúde devem integrar uma rede regionalizada e hierarquizada e consistir em um sistema único, organizado de acordo com as diretrizes de descentralização, integralidade e participação da comunidade, financiamento, recurso orçamentário mínimo a ser aplicado na saúde, conforme a respectiva esfera de governo, entre outros aspectos.

> Art. 198. As ações e serviços públicos de saúde integram uma rede regionalizada e hierarquizada e constituem um sistema único, organizado de acordo com as seguintes diretrizes:
>
> I–descentralização, com direção única em cada esfera de governo;
>
> II–atendimento integral, com prioridade para as atividades preventivas, sem prejuízo dos serviços assistenciais;
>
> III–participação da comunidade. (Brasil, 1988)

Na sequência, a CF/1988 prevê, em seu art. 199, que a assistência à saúde é livre à iniciativa privada. Isso significa que o Estado tem a obrigação de ofertar a política pública de saúde de qualidade, mas pode a iniciativa privada, de acordo com as normas legais, também oferecê-la, por meio de convênios ou planos de saúde, serviços de saúde, mas de forma gratuita ao cidadão.

No Art. 200, especificam-se as atribuições do SUS:

> Art. 200. Ao sistema único de saúde compete, além de outras atribuições, nos termos da lei:
>
> I – controlar e fiscalizar procedimentos, produtos e substâncias de interesse para a saúde e participar da produção de medicamentos, equipamentos, imunobiológicos, hemoderivados e outros insumos;
>
> II – executar as ações de vigilância sanitária e epidemiológica, bem como as de saúde do trabalhador;
>
> III – ordenar a formação de recursos humanos na área de saúde;
>
> IV – participar da formulação da política e da execução das ações de saneamento básico;
>
> V – incrementar, em sua área de atuação, o desenvolvimento científico e tecnológico e a inovação;

# Legislação social, políticas públicas e serviço social

VI – fiscalizar e inspecionar alimentos, compreendido o controle de seu teor nutricional, bem como bebidas e águas para consumo humano;

VII – participar do controle e fiscalização da produção, transporte, guarda e utilização de substâncias e produtos psicoativos, tóxicos e radioativos;

VIII – colaborar na proteção do meio ambiente, nele compreendido o do trabalho. (Brasil, 1988)

A Lei n. 8.080/1990 dispõe sobre as condições para a promoção, a proteção e a recuperação da saúde, a organização e o funcionamento dos serviços correspondentes, estabelecendo que o SUS é a integração de todas as ações e os serviços de saúde públicos e privados, comprados ou conveniados. O propósito é garantir a todos a universalidade, o acesso à promoção de saúde, bem como a prevenção de doenças e assistência médica, em uma visão de **integralidade**. O art. 4º, parágrafo 2º, da mesma lei dispõe que:

> Art. 4º O conjunto de ações e serviços de saúde, prestados por órgãos e instituições públicas federais, estaduais e municipais, da Administração direta e indireta e das fundações mantidas pelo Poder Público, constitui o Sistema Único de Saúde (SUS).
>
> [...]
>
> § 2º A iniciativa privada poderá participar do Sistema Único de Saúde (SUS), em caráter complementar. (Brasil, 1990b)

Com o amadurecimento e a profissionalização operacional do SUS, nas últimas décadas constatou-se a busca pela oferta ou pela garantia dos **serviços de saúde da atenção básica**, pelo crescimento da assistência suplementar, por meio da rede privada contratada ou conveniada com o Poder Público, e pela ampliação do acesso e da qualidade do atendimento.

> A complexidade dos problemas de saúde requer para o seu enfrentamento a utilização de múltiplos saberes e práticas. O sentido da mudança do foco dos serviços e ações de saúde para as necessidades individuais e coletivas, portanto para o cuidado, implica a produção de relações de acolhimento, de vínculo e de responsabilização entre

os trabalhadores e a população, reforçando a centralidade do trabalho da equipe multiprofissional. (Baptista, 2005, p. 75)

De acordo com o SUS, regulamentado pela Lei Orgânica da Saúde n. 8.080/1990, a saúde pública é dividida em:

- **Atenção básica à saúde (nível primário)** – Tem a saúde da família como estratégia para sua organização e desenvolve ações de promoção e proteção da saúde, prevenção de doenças, diagnóstico, tratamento, reabilitação e manutenção da saúde. É desenvolvida nas Unidades Básicas de Saúde (UBS), buscando articulação entre os serviços, pois desenvolve também ações educativas e preventivas, visando promover a política de saúde em relação tanto ao bem-estar da população quanto à prevenção do surgimento de doenças ou de seu agravamento.
- **Atenção secundária à saúde (nível secundário)** – Também considerada atenção de média complexidade, inclui, no conjunto de suas ações e seus serviços, o atendimento dos problemas de saúde de maior gravidade e da demanda que deles advém, necessita de profissionais especializados, por exemplo, médicos cardiologistas, ortopedistas, neurologistas, além de equipamentos para diagnósticos e tratamentos que exigem recursos de maior complexidade que os de atenção primária. Ao passo que a atenção primária é realizada em UBS, a de média complexidade ou de nível secundário é realizada nas unidades de pronto-atendimento, em hospitais ou em unidades de emergência ou de urgência, pois atendem pacientes em situação de doenças crônicas ou agudas.
- **Atenção terciária à saúde (nível terciário)** – Oferece atenção hospitalar com a realização de procedimentos que envolvem alta tecnologia e alto custo, sendo também de maior complexidade. Possibilita à população o acesso aos serviços mais qualificados, por exemplo, a hospitais de grande porte, com recursos da esfera privada ou pública.
- **Atenção nas urgências** – Compõem-se das Unidades de Pronto-Atendimento (Upas) e do Serviço Móvel de Atendimento de Urgência e Emergência (Samu). As Upas são estruturas de complexidades

intermediárias entre as UBS e as unidades de urgência hospitalar e compõem o conjunto organizado de atenção às urgências do atendimento em saúde, estando diretamente relacionadas ao trabalho do Samu. Este, por sua vez, é responsável pela organização dos fluxos de atendimento e pelo encaminhamento dos pacientes aos serviços mais adequados às condições de saúde por eles apresentada. O Samu é o serviço móvel que realiza o atendimento de urgência e emergência em qualquer lugar: residências, locais de trabalho e vias públicas. Sua estrutura é composta das centrais de regulação e de profissionais e veículos de salvamento.

A atenção à saúde diz respeito às ações de promoção, prevenção, tratamento e reabilitação quando do atendimento e da assistência às pessoas em tudo o que envolve as necessidades do ser humano no que concerne à política de saúde.

Nos níveis especializados, há as consultas ambulatoriais e as consultas com os especialistas, como ortopedistas, neurologistas, cardiologistas, entre outros. Os pacientes são encaminhados a esse serviço pelos médicos das UBS.

O art. 1º da Lei n. 8.142/1990 estabelece que:

> Art. 1º O Sistema Único de Saúde (SUS), de que trata a Lei n. 8.080, de 19 de setembro de 1990, contará, em cada esfera de governo, sem prejuízo das funções do Poder Legislativo, com as seguintes instâncias colegiadas:
>
> I – a Conferência de Saúde; e
>
> II – o Conselho de Saúde. (Brasil, 1990c)

Essa lei garante, portanto, a implantação dos conselhos e das conferências nas esferas de gestão do SUS.

Os conselhos de saúde são órgãos colegiados de participação, de caráter permanente, deliberativo, normativo e fiscalizador das ações e dos serviços de saúde no âmbito do SUS. Têm representantes do Poder Público, dos usuários (de forma paritária em relação aos demais membros), dos profissionais de saúde e dos prestadores de serviço. Isso representou a inauguração de uma nova cultura de participação democrática na discussão e nas decisões da área.

O SUS é a base institucional da política de saúde em todo o território nacional, o que impõe a análise de seus princípios, suas diretrizes, seus objetivos e suas competências, os quais constam tanto na CF/1988 quanto nas Leis n. 8.080/1990 e n. 8.142/1990.

## 3.6.1 Princípios

Com relação aos princípios que regem as ações e os serviços públicos de saúde, bem como os serviços privados contratados ou conveniados que integram o SUS, entre outros, a Lei n. 8.080/1990, em seu art. 7º, prevê:

- **Universalidade do acesso** – Refere-se ao acesso universal aos serviços de saúde em todos os níveis de assistência. Rompe-se com o sistema anterior, excludente e desigual, passando a saúde a ser um direito de todos e dever do Estado, oferecido em todas as esferas de governo. Todo cidadão tem o direito de ser atendido pelo sistema de saúde, em qualquer serviço de saúde e em qualquer lugar em que se encontre, incluindo-se estabelecimentos de todas as esferas: federal, estadual, distrital ou municipal.
- **Integralidade de assistência** – É o conjunto articulado e contínuo das ações e dos serviços preventivos e curativos, individuais e coletivos, exigidos para cada caso, em todos os níveis de complexidade do sistema. A integralidade significa que, independentemente da atenção à saúde de que o cidadão necessita, na promoção, na proteção ou na recuperação da saúde, ele tem o direito de receber atenção em sua plenitude.
- **Igualdade da assistência à saúde** – Deve ser prestada sem preconceitos ou privilégios de qualquer espécie. Refere-se ao acesso de todos à saúde de forma igualitária, livre de qualquer preconceito ou distinção, em relação a poder econômico, credo, gênero ou etnia.

## 3.6.2 Diretrizes

Conforme estabelece o art. 8º da Lei n. 8.080/1990, as ações e os serviços de saúde executados pelo SUS devem ser organizados de forma regionalizada e hierarquizada.

※ **Regionalização** – Orienta a organização dos serviços de saúde em determinada área geográfica, definindo qual população pode ser atendida de acordo com a área delimitada. Tal definição enseja a articulação entre as gestões municipais e estaduais para a implementação de políticas, ações e serviços de saúde visando à garantia do acesso, da integralidade e da resolutividade.

※ **Hierarquização** – O acesso para o serviço de saúde deve ser pela rede de atenção básica, a qual precisa estar qualificada e preparada para resolver as principais demandas dos serviços de saúde. Os casos que necessitam de serviços com mais complexidade no atendimento são referenciados, pois, para cada tipo de enfermidade, há um serviço de referência. Conforme estabelece o art. 9º da Lei n. 8.080/1990, a direção do SUS é única e deve ser exercida em cada esfera de governo pelos seguintes órgãos: (a) na União, pelo Ministério da Saúde; (b) nos estados e no Distrito Federal, pela Secretaria de Saúde estadual ou órgão equivalente; e (c) nos municípios, pela Secretaria de Saúde municipal ou órgão equivalente.

※ **Descentralização** – É o processo em que se transfere a responsabilidade de gestão e os recursos financeiros do sistema para o município. Nesse processo, são estabelecidas as atribuições e as responsabilidades de cada esfera de governo, além daquelas comuns a todas as esferas. Determina-se também aquilo que é de competência da direção nacional do SUS.

※ **Controle social** – É a garantia constitucional de participação da sociedade no processo de formulação das políticas de saúde e do controle de sua execução, em todas as esferas de governos, por meio dos conselhos de saúde e das conferências de saúde. O art. 12 da Lei n. 8.080/1990 prevê a criação das comissões intersetoriais de âmbito nacional, com a finalidade de articular políticas e programas para a saúde em áreas não abrangidas pelo SUS.

Todas essas diretrizes possibilitaram o envolvimento maior da sociedade nas ações e nos serviços de saúde, desde seu planejamento como política pública até a fiscalização das ações do Poder Público.

## 3.6.3 Objetivos

Com relação aos objetivos do SUS, o art. 5º da Lei n. 8.080/1990 os lista em seus incisos I a III:

> Art. 5º [...]
>
> I – a identificação e divulgação dos fatores condicionantes e determinantes da saúde;
>
> II – a formulação de política de saúde destinada a promover, nos campos econômico e social, a observância do disposto no § 1º do art. 2º desta lei;
>
> III – a assistência às pessoas por intermédio de ações de promoção, proteção e recuperação da saúde, com a realização integrada das ações assistenciais e das atividades preventivas. (Brasil, 1990b)

Portanto, o objetivo do SUS é estabelecer uma política pública de atenção à saúde, visando não só ao tratamento e à recuperação da doença, mas também à prevenção, à promoção, à proteção, à saúde do ser humano, como seu direito fundamental, além de identificar e tornar públicos os condicionantes e os determinantes da saúde.

## 3.6.4 Competências

As competências da direção nacional do SUS estão previstas no art. 16 da Lei n. 8.080/1990, do qual destacamos os incisos I a III e respectivas alíneas:

> Art. 16. [...]
>
> I – formular, avaliar e apoiar políticas de alimentação e nutrição;
>
> II – participar na formulação e na implementação das políticas:
>
> a) de controle das agressões ao meio ambiente;
>
> b) de saneamento básico; e
>
> c) relativas às condições e aos ambientes de trabalho;
>
> III – definir e coordenar os sistemas:
>
> a) de redes integradas de assistência de alta complexidade;
>
> b) de rede de laboratórios de saúde pública;
>
> c) de vigilância epidemiológica; e
>
> d) vigilância sanitária;

A atenção à saúde diz respeito às ações de promoção, prevenção, tratamento e reabilitação no atendimento e na assistência das pessoas no que se refere às necessidades do ser humano no âmbito da saúde. Segundo Mendes (2013, p. 28):

> O SUS constituiu a maior política de inclusão social da história de nosso país. [...] fez da saúde um direito de todos e um dever do Estado. A instituição da cidadania sanitária pelo SUS incorporou, imediatamente, mais de cinquenta milhões de brasileiros como portadores de direitos à saúde e fez desaparecer, definitivamente, a figura odiosa do indigente sanitário.

Em síntese, o SUS é um sistema organizacional – estabelecido pela CF/1988 e regulamentado pelas Leis n. 8.080/1990 e n. 8.142/1990 –, que deve ser universal, gratuito, descentralizado, democrático, integral, equânime, eficiente e eficaz, com direção única em cada esfera de governo, priorizando atividades preventivas e participação da comunidade.

# 3.6.5 Financiamento

O financiamento do SUS é de competência de todas as esferas de governo. Os recursos financeiros de custeio provêm do Tesouro, sendo a União a principal financiadora da saúde pública no país. As principais fontes de financiamento da saúde advêm da Contribuição sobre Financiamento (Cofins); da Contribuição sobre Lucro Líquido (CSLL); de fontes fiscais destinadas à cobertura de despesas com pessoal e encargo social, e de outras fontes, conforme previsão do art. 32 da Lei n. 8.080/1990:

> Art. 32. São considerados de outras fontes os recursos provenientes de:
>
> I – (Vetado)
>
> II – serviços que possam ser prestados sem prejuízo da assistência à saúde;
>
> III – ajuda, contribuições, doações e donativos;
>
> IV – alienações patrimoniais e rendimentos de capital;
>
> V – taxas, multas, emolumentos e preços públicos arrecadados no âmbito do Sistema Único de Saúde (SUS); e
>
> VI – rendas eventuais, inclusive comerciais e industriais. (Brasil, 1990b)

A EC n. 29/2000 estabelece que os recursos para a saúde devem ser utilizados por meio de um fundo de saúde, por isso a transferência fundo-fundo, ou seja, do Fundo Nacional de Saúde para os fundos estaduais e municipais. Para tanto, é necessário que cada município crie seu Fundo Municipal de Saúde (FMS), a fim de receber os recursos de fundo-fundo. O ordenador dessas despesas é o secretário municipal de Saúde.

O FMS foi instituído com o objetivo de criar condições financeiras e de gerência dos recursos destinados ao desenvolvimento das ações de saúde, que serão executadas ou coordenadas pela Secretaria Municipal de Saúde. Os fundos devem ter CNPJ na condição matriz, conforme Instrução Normativa da Receita Federal do Brasil n. 1.470, de 30 de maio de 2014 (Brasil, 2014).

Legislação social, políticas públicas e serviço social

Ainda de acordo com a EC n. 29/2000, os gastos da União devem ser iguais aos do ano anterior, corrigidos pela variação nominal do Produto Interno Bruto (PIB). Os estados devem garantir 12% de suas receitas para o financiamento à saúde e os municípios devem aplicar, pelo menos, 15%. Esses índices são a aplicação mínima de cada ente federativo na política de saúde. Os aspectos relevantes sobre o SUS aqui expostos refletem o funcionamento das políticas de saúde pública, bem como o caráter universal e integral desse sistema, os quais são concretizados mediante a oferta de serviços de atenção em uma rede regionalizada e hierarquizada. O SUS pode ser considerado a maior política de inclusão social, fazendo da saúde um direito de todos e um dever do Estado, com prioridade para as atividades preventivas e a participação da comunidade.

# 3.7 Política nacional do idoso

O envelhecimento é um processo natural, e o ser humano, durante essa etapa, passa por mudanças em seu organismo e sofre com as novas relações sociais. Inevitavelmente, todos envelhecerão, e a velhice causa um aumento de vulnerabilidade e fragilidade. Em uma perspectiva sociológica e política, esse é um dos maiores problemas das políticas públicas e um dos grandes desafios da humanidade, pois a população mundial está envelhecendo, mas nem sempre os países e seus governantes estão preparados para esse desafio não só no desenvolvimento de políticas de atenção e atendimento a esse grupo, mas também no que diz respeito à responsabilidade das famílias com seus idosos. No Brasil, a política nacional do idoso foi instituída pela Lei n. 8.842, de 4 de janeiro de 1994 (Brasil, 1994) e regulamentada pelo Decreto n. 1.948, de 3 de julho de 1996 (Brasil, 1996). Posteriormente, foi editado o Estatuto do Idoso – Lei n. 10.741, de 1º de outubro de 2003 (Brasil, 2003). Essas legislações, mediante a observância dos preceitos constitucionais estabelecidos para os idosos, regulamentam os direitos assegurados às pessoas com idade igual ou superior a 60 anos, respeitando o idoso como cidadão que é.

A **cidadania** e a **dignidade humana** são fundamentos estabelecidos pela CF/1988 nos incisos II e III de seu art. 1º e o inciso IV do art. 3º, os quais determinam que a República Federativa do Brasil têm como objetivos fundamentais promover o bem de todos, sem preconceito ou discriminação em relação a idade, origem, raça, sexo, cor e outras formas de intolerância.

Os arts. 127 e 129 da CF/1988 estabelecem que ao Ministério Público cabe a defesa dos direitos coletivos da sociedade, incluindo os idosos. Ainda, conforme o art. 134, no campo individual, os idosos carentes devem contar com o apoio da Defensoria Pública.

A CF/1988 também prevê que a família é base da sociedade com direito de proteção especial do Estado, conforme art. 226, parágrafo 8º:

> Art. 226. [...]
>
> [...]
>
> § 8º O Estado assegurará a assistência à família na pessoa de cada um dos que a integram, criando mecanismos para coibir a violência no âmbito de suas relações. (Brasil, 1988)

Assim, o Estado deve assegurar assistência a cada um dos membros que integram a família, implementando mecanismos para coibir a violência no âmbito das relações sociofamiliares.

Outra garantia fundamental diz respeito às obrigações dos pais em relação aos filhos e destes em relação aos pais quando da velhice, carência ou enfermidade. De acordo com os arts. 229 e 230 da CF/1988, o dever de amparo da pessoa idosa estende-se à sociedade e ao Estado:

> Art. 229. Os pais têm o dever de assistir, criar e educar os filhos menores, e os filhos maiores têm o dever de ajudar e amparar os pais na velhice, carência ou enfermidade.
>
> Art. 230. A família, a sociedade e o Estado têm o dever de amparar as pessoas idosas, assegurando sua participação na comunidade,

Legislação social, políticas públicas e serviço social

defendendo sua dignidade e bem-estar e garantindo-lhes o direito à vida.

§ 1º Os programas de amparo aos idosos serão executados preferencialmente em seus lares.

§ 2º Aos maiores de sessenta e cinco anos é garantida a gratuidade dos transportes coletivos urbanos.

O idoso tem o *status* de cidadão e, consequentemente, deve ter garantida e assegurada a dignidade humana – direito constitucional dos brasileiros, que incide sem distinção de qualquer natureza.

É dever da família, do Estado e da sociedade amparar as pessoas idosas, efetivando sua participação na comunidade, defendendo sua dignidade e seu bem-estar e garantindo-lhes o direito à vida. Conforme o art. 230, parágrafo 1º, os programas de amparo aos idosos devem ser executados preferencialmente em seus lares e, como consta no parágrafo 2º, é direito do idoso maior de 65 anos o transporte urbano gratuito.

O art. 1.048 do novo Código de Processo Civil – Lei n. 13.105, de 16 de março de 2015 (Brasil, 2015a) – prevê prioridade de tramitação aos procedimentos judiciais em que figure como parte pessoa com idade igual ou superior a 60 anos:

> Art. 1.048. Terão prioridade de tramitação, em qualquer juízo ou tribunal, os procedimentos judiciais:
>
> I – em que figure como parte ou interessado pessoa com **idade igual ou superior a 60 (sessenta) anos** ou portadora de doença grave, assim compreendida qualquer das enumeradas no art. 6º, inciso XIV, da Lei nº 7.713, de 22 de dezembro de 1988;
>
> [...]
>
> § 1º A pessoa interessada na obtenção do benefício, juntando prova de sua condição, deverá requerê-lo à autoridade judiciária competente para decidir o feito, que determinará ao cartório do juízo as providências a serem cumpridas.
>
> § 2º Deferida a prioridade, os autos receberão identificação própria que evidencie o regime de tramitação prioritária.

§ 3º Concedida a prioridade, essa **não cessará com a morte do beneficiado**, estendendo-se em favor do cônjuge supérstite ou do companheiro em união estável.

§ 4º A tramitação prioritária independe de deferimento pelo órgão jurisdicional e deverá ser imediatamente concedida diante da prova da condição de beneficiário. (Brasil, 2015a, grifo nosso)

Ressaltamos que a prioridade de tramitação aos procedimentos judiciais não cessa quando do falecimento do idoso no curso do processo, pois esse direito se estende a seus beneficiários.

Outra medida legal da defesa dos idosos está prevista na Lei n. 10.406, de 10 de janeiro de 2002, que institui o Código Civil (Brasil, 2002). O inciso II de seu art. 1.641 disciplina a obrigatoriedade do regime da separação de bens no casamento da pessoa maior de 70 anos, assegurando, assim, que o idoso não seja objeto de exploração.

> **É dever da família, do Estado e da sociedade amparar as pessoas idosas, efetivando sua participação na comunidade, defendendo sua dignidade e seu bem-estar e garantindo-lhes o direito à vida.**

## 3.7.1 Conselho Nacional dos Direitos do Idoso

O Decreto n. 5.109, de 17 de junho de 2004 (Brasil, 2004a), que dispõe sobre o Conselho Nacional dos Direitos do Idoso (CNDI), assim determina, em seu artigo art. 1º:

> Art. 1º O Conselho Nacional dos Direitos do Idoso – CNDI, órgão colegiado de caráter deliberativo, integrante da estrutura básica da Secretaria Especial dos Direitos Humanos da Presidência da República, tem por finalidade **elaborar as diretrizes para a formulação e implementação da política nacional do idoso**, observadas as linhas de ação e as diretrizes conforme dispõe a Lei nº 10.741, de 1º de outubro de 2003 – Estatuto do Idoso, bem como **acompanhar e avaliar a sua execução.** (Brasil, 2004a, grifo nosso)

Legislação social, políticas públicas e serviço social

O art. 2º e seu parágrafo único do Decreto n. 5.109/2004 estabelecem as competências do CNDI:

Art. 2º Ao CNDI compete:

I – elaborar as diretrizes, instrumentos, normas e prioridades da política nacional do idoso, bem como controlar e fiscalizar as ações de execução;

II – zelar pela aplicação da política nacional de atendimento ao idoso;

III – dar apoio aos Conselhos Estaduais, do Distrito Federal e Municipais dos Direitos do Idoso, aos órgãos estaduais, municipais e entidades não governamentais, para tornar efetivos os princípios, as diretrizes e os direitos estabelecidos pelo Estatuto do Idoso;

IV – avaliar a política desenvolvida nas esferas estadual, distrital e municipal e a atuação dos conselhos do idoso instituídos nessas áreas de governo;

V – acompanhar o reordenamento institucional, propondo, sempre que necessário, as modificações nas estruturas públicas e privadas destinadas ao atendimento do idoso;

VI – apoiar a promoção de campanhas educativas sobre os direitos do idoso, com a indicação das medidas a serem adotadas nos casos de atentados ou violação desses direitos;

VII – acompanhar a elaboração e a execução da proposta orçamentária da União, indicando modificações necessárias à consecução da política formulada para a promoção dos direitos do idoso; e

VIII – elaborar o regimento interno, que será aprovado pelo voto de, no mínimo, dois terços de seus membros, nele definindo a forma de indicação do seu Presidente e Vice-Presidente.

Parágrafo único. Ao CNDI compete, ainda:

I – acompanhar e avaliar a expedição de orientações e recomendações sobre a aplicação da Lei nº 10.741, de 2003, e dos demais atos normativos relacionados ao atendimento do idoso;

II – promover a cooperação entre os governos da União, dos Estados, do Distrito Federal e dos Municípios e a sociedade civil organizada na formulação e execução da política nacional de atendimento dos direitos do idoso;

III – promover, em parceria com organismos governamentais e não governamentais, nacionais e internacionais, a identificação de sistemas de indicadores, no sentido de estabelecer metas e procedimentos com base nesses índices, para monitorar a aplicação das atividades relacionadas com o atendimento ao idoso; [...] (Brasil, 2004a)

O art. 3º do Decreto n. 5.109/2004 e seus incisos versam sobre a composição do CNDI:

> Art. 3º O CNDI tem a seguinte composição, guardada a paridade entre os membros do Poder Executivo e da sociedade civil organizada:
>
> I – um representante da Secretaria Especial dos Direitos Humanos da Presidência da República e de cada Ministério a seguir indicado:
>
> a) das Relações Exteriores;
>
> b) do Trabalho e Emprego;
>
> c) da Educação;
>
> d) da Saúde;
>
> e) da Cultura;
>
> f) do Esporte;
>
> g) da Justiça;
>
> h) da Previdência Social;
>
> i) da Ciência e Tecnologia;
>
> j) do Turismo;
>
> l) do Desenvolvimento Social e Combate à Fome;
>
> m) do Planejamento, Orçamento e Gestão; e
>
> n) das Cidades;
>
> II – quatorze representantes de entidades da sociedade civil organizada, sem fins lucrativos, com atuação no campo da promoção e defesa dos direitos da pessoa idosa, que tenham filiadas organizadas em, pelo menos, cinco unidades da Federação, distribuídas em três regiões do País. (Brasil, 2004a)

Diante desses dispositivos normativos, é possível constatar que o Conselho Nacional do Idoso tem por responsabilidade participar da supervisão e avaliação da política nacional do idoso, bem como acompanhar sua implementação, elaborando proposições para seu aperfeiçoamento e assessorando os conselhos em todos os níveis de governo. O conselho deve ser composto por

## 3.7.2 Estatuto do Idoso

Instituído pela Lei n. 10.741/2003, o Estatuto do Idoso, em seu art. 1º, é destinado a regular os direitos assegurados às pessoas com idade igual ou superior a 60 anos, garantindo a efetivação dos direitos fundamentais inerentes à pessoa humana, sem prejuízo da proteção integral ao idoso, bem como dos direitos à vida, à saúde, à alimentação, à educação, à cultura, ao esporte, ao lazer, ao trabalho, à cidadania, à liberdade, à dignidade, ao respeito e à convivência familiar e comunitária. O Estatuto ainda visa assegurar todas as oportunidades e facilidades para a preservação da saúde física e mental do idoso e seu aperfeiçoamento moral, intelectual, espiritual e social, em condições de liberdade e dignidade.

O Estatuto do Idoso é considerado um marco jurídico no que tange à proteção da população idosa brasileira, pois objetiva a inclusão social e o exercício de seus direitos, estabelecendo que é obrigação da família, da comunidade e do Poder Público assegurá-los com absoluta prioridade.

> Art. 3º [...]
>
> § 1º A garantia de prioridade compreende:
>
> I – atendimento preferencial imediato e individualizado junto aos órgãos públicos e privados prestadores de serviços à população;
>
> II – preferência na formulação e na execução de políticas sociais públicas específicas;
>
> III – destinação privilegiada de recursos públicos nas áreas relacionadas com a proteção ao idoso;
>
> IV – viabilização de formas alternativas de participação, ocupação e convívio do idoso com as demais gerações;

V – priorização do atendimento do idoso por sua própria família, em detrimento do atendimento asilar, exceto dos que não a possuam ou careçam de condições de manutenção da própria sobrevivência;

VI – capacitação e reciclagem dos recursos humanos nas áreas de geriatria e gerontologia e na prestação de serviços aos idosos;

VII – estabelecimento de mecanismos que favoreçam a divulgação de informações de caráter educativo sobre os aspectos biopsicossociais de envelhecimento;

VIII – garantia de acesso à rede de serviços de saúde e de assistência social locais.

IX – prioridade no recebimento da restituição do Imposto de Renda. (Brasil, 2003)

Outra garantia fundamental refere-se à proibição de que qualquer idoso seja objeto de qualquer tipo de negligência, violência, crueldade ou opressão, seja por ação, seja por omissão, sendo, portanto, dever de todos prevenir qualquer ameaça, violação ou atentado a seus direitos. A não observância a esses preceitos pode resultar em responsabilização da pessoa física ou jurídica, e quem tomar conhecimento de qualquer violação dos direitos do idoso tem obrigação de comunicar à autoridade competente (arts. 4º ao 6º).

Os **casos de suspeita ou confirmação de maus-tratos contra o idoso devem obrigatoriamente ser comunicados pelos profissionais de saúde** aos órgãos especificados no art. 19 do Estatuto:

Art. 19. Os casos de suspeita ou confirmação de violência praticada contra idosos serão objeto de notificação compulsória pelos serviços de saúde públicos e privados à autoridade sanitária, bem como serão obrigatoriamente comunicados por eles a quaisquer dos seguintes órgãos:

I – autoridade policial;

II – Ministério Público;

III – Conselho Municipal do Idoso;

IV – Conselho Estadual do Idoso;

V – Conselho Nacional do Idoso. (Brasil, 2003)

Legislação social, políticas públicas e serviço social

Os arts. 93 a 108 do Estatuto do Idoso disciplinam as infrações e os crimes cometidos contra o idoso e seus direitos, bem como preveem as respectivas penas a que estão sujeitos os infratores.

O idoso tem direito à alimentação, à moradia, a cuidados de saúde adequados e a residir em seu domicílio tanto tempo quanto possível – tudo isso por meio da garantia de renda e do apoio familiar e comunitário. Devidamente assegurada a condição de cidadão aos idosos, o Estatuto tem como objetivo a promoção da inclusão social e da garantia dos direitos a eles pertinentes. Infelizmente, muitos idosos ainda se encontram em situação vulnerável e desprotegida, necessitando da implementação das políticas públicas que garantam o acesso a esses direitos.

## Síntese

Na busca da consolidação dos direitos sociais, nosso país teve grandes conquistas, mas também enfrentamos inúmeros desafios. Ainda, muitas vezes, esses direitos não são respeitados – por exemplo, o acesso ao mercado de trabalho com salários justos e que permitam o sustento da família com o atendimento, pelo menos, das necessidades básicas de seus integrantes. Isso ocorre porque não há uma política de acesso à educação com qualidade nem a garantia do acesso à qualificação de mão de obra; não há acesso à saúde, principalmente à saúde preventiva e de qualidade; não há participação nos programas socioassistenciais que realmente viabilizem a superação dos problemas-alvo da política pública social.

É importante ainda que a proteção social – estabelecida pela CF/1988, que visa garantir os mínimos sociais às famílias e aos cidadãos em situação de pobreza ou vulnerabilidade social – torne-se realmente um direito efetivado mediante formulação, implementação e execução das políticas públicas sociais.

As ações desenvolvidas pelo serviço social precisam ser pautadas na perspectiva da concretização dos direitos sociais, pois é uma

# Serviço social, direito e cidadania

área que interfere nas políticas públicas em busca da efetivação da cidadania.

Ser assistente social é ser eminentemente interventivo e ter, nas múltiplas expressões das questões sociais, a matéria-prima de sua atuação profissional. Nesse contexto, a área de serviço social deve atentar às transformações sócio-históricas da sociedade e da profissão, até porque a sociedade é dinâmica e constantemente os profissionais da área com novas demandas que emergem no cotidiano profissional.

Quem atua no serviço social não enfoca o campo específico da política de assistência social, mas as diferentes áreas nas quais se efetivam as diversas políticas públicas e sociais, devendo, portanto, desenvolver competências teórico-metodológicas, ético-políticas e técnico-operativas. Essas dimensões têm sua articulação dialética concretizada nos diversos espaços sócio-ocupacionais, fundamentando a ação profissional e a atitude investigativa, principalmente pelo fato de atuar conforme os impactos das transformações societárias, os quais também influenciam o processo de formulação e implementação das políticas públicas.

Devemos ter a clareza de que, a partir da CF/1988, criou-se um aparato legal com vistas a regulamentar os princípios constitucionais, a dar respostas às demandas por décadas acumuladas e a ensejar transformações efetivas na sociedade brasileira. Essas regulamentações tiveram como alicerces o princípio da universalização dos direitos, a descentralização da gestão das políticas públicas e a participação do cidadão em conselhos e conferências – espaços democráticos de controle social.

Por fim, é preciso atentar para a implementação das políticas públicas, uma vez que nem sempre as mais diversas expressões da questão social são consideradas alvo dessas ações sociais, o que exige um olhar especial do profissional do serviço social, visando maior eficácia e efetivação dessas políticas na prática.

> **Ser assistente social é ser eminentemente interventivo e ter, nas múltiplas expressões das questões sociais, a matéria-prima de sua atuação profissional.**

Legislação social, políticas públicas e serviço social

# Questões para revisão

1. O art. 5º, parágrafo 2º, da CF/1988 estabelece que os direitos e as garantias constitucionais:
   a) não excluem outros direitos e garantias decorrentes do regime e dos princípios por ela adotados, ou dos tratados internacionais em que a República Federativa do Brasil seja parte.
   b) excluem outros direitos e garantias decorrentes do regime e dos princípios por ela adotados.
   c) excluem outros direitos e garantias decorrentes do regime e dos princípios por ela adotados, ou dos tratados internacionais de que a República Federativa do Brasil seja parte.
   d) não excluem outros direitos e garantias decorrentes do regime e dos princípios por ela adotados, ou dos tratados nacionais de que a República Federativa do Brasil não faça parte.

2. São competências da direção nacional do SUS, de acordo com art. 16 da Lei n. 8.080/1990:
   I) implantar serviços que possam ser prestados sem prejuízo da assistência à saúde;
   II) formular, avaliar e apoiar políticas de alimentação e nutrição;
   III) identificar e divulgar os fatores condicionantes e determinantes da saúde;
   IV) definir e coordenar os sistemas;
   V) participar na formulação e na implementação das políticas.

   Estão corretas as proposições:
   a) I, II e III.
   b) II, III e IV.
   c) II, IV e V.
   d) I, II, III e V.

3. O Conselho Tutelar, segundo o art. 131 do ECA, "é órgão permanente e autônomo, não jurisdicional, encarregado pela sociedade de zelar pelo cumprimento dos direitos da criança e do adolescente" (Brasil, 1990a). São atribuições do Conselho Tutelar, de acordo com o art. 136 do ECA:

I) promover a execução de suas decisões, podendo, para tanto, requisitar serviços públicos nas áreas de saúde, educação, serviço social, previdência, trabalho e segurança;

II) encaminhar ao Ministério Público notícia de fato que constitua infração administrativa ou penal contra os direitos da criança ou adolescente;

III) treinar e capacitar pessoal para lidar com situações que envolvam os direitos humanos;

IV) requisitar certidões de nascimento e de óbito de criança ou adolescente quando necessário;

V) assegurar as necessidades básicas dos usuários com a implementação e efetivação de legislação específica de direitos humanos.

Estão corretas as proposições:

a)   I, II e III.

b)   I, II e IV.

c)   I, III e V.

d)   III, IV e V.

4. De acordo com Iamamoto e Carvalho (1983, p. 77), "A questão social [...] é a manifestação, no cotidiano da vida social, da contradição entre o proletariado e a burguesia, a qual passa a exigir outros tipos de intervenção mais além da caridade". Tendo as expressões da questão social como objeto de atuação do serviço social, como é possível analisá-la e construir ações interventivas para seu enfrentamento?

5. De acordo com Paulo Netto (1999, p. 104), "o projeto profissional vincula-se a um projeto societário que propõe a construção de

uma nova ordem social, sem dominação e/ou exploração de classe, etnia e gênero". Como se configura esse projeto profissional?

## Questões para reflexão

1. A CF/1988 estabelece, em seu art. 6º, que os direitos sociais são: educação, saúde, alimentação, trabalho, moradia, lazer, segurança, previdência social, proteção à maternidade e à infância, assistência aos desamparados. Depois de quase 30 anos de sua promulgação, é possível afirmar que esses direitos constitucionais foram adequadamente regulamentados e a população brasileira tem plena garantia de acesso a eles? Reflita sobre o acesso à educação, à saúde, ao trabalho e à moradia.

2. Reflita sobre o teor do art. 3º do ECA, que assim dispõe: "A criança e o adolescente gozam de todos os direitos fundamentais inerentes à pessoa humana, sem prejuízo da proteção integral de que trata esta Lei, assegurando-lhes, por lei ou por outros meios, todas as oportunidades e facilidades, a fim de lhes facultar o desenvolvimento físico, mental, moral, espiritual e social, em condições de liberdade e de dignidade" (Brasil, 1990a).

# Para saber mais

CFESS – Conselho Federal de Serviço Social. **Parâmetros para atuação de assistentes sociais na política de saúde**. Brasília, 2010. (Série Trabalho e Projeto Profissional nas Políticas Sociais, 2). Disponível em: <http://www.cfess.org.br/arquivos/Parametros_para_a_Atuacao_de_Assistentes_Sociais_na_Saude.pdf>. Acesso em: 11 dez. 2017.

*O documento tem como finalidade referenciar a intervenção dos profissionais de serviço social na área da saúde.*

CFESS – Conselho Federal de Serviço Social; CFP – Conselho Federal de Psicologia. **Parâmetros para atuação de assistentes sociais e psicólogos (as) na Política de Assistência Social**. Brasília, 2007. Disponível em: <http://www.cfess.org.br/arquivos/CartilhaFinalCFESSCFPset2007.pdf>. Acesso em: 11 dez. 2017.

*Esses parâmetros de atuação têm como pressuposto a definição de estratégias e procedimentos no exercício do trabalho, atitude que deve ser prerrogativa dos assistentes sociais, de acordo com sua competência e sua autonomia profissional.*

BRASIL. Ministério da Saúde. **Entendendo o SUS**. 2006. Disponível em: <http://portalarquivos.saude.gov.br/images/pdf/2013/agosto/28/cartilha-entendendo-o-sus-2007.pdf>. Acesso em: 8 dez. 2017.

*O documento apresenta informações essenciais sobre o SUS, direcionadas principalmente aos jornalistas e demais profissionais de comunicação que trabalham na cobertura de temas que envolvem a saúde pública no Brasil.*

# Estudo de caso

**◁▏▌▏◁▏▌** Programa de Proteção a Crianças e Adolescentes Ameaçados de Morte em São Paulo (PPCAAM)

**Como a situação chegou até o serviço**: O caso foi encaminhado pelo Ministério Público da Comarca de Botucatu/SP.

**Descrição da situação familiar**: J.S., 14 anos, filho único de Jonas Silva e de Maria Silva, estudante do 8º ano do ensino fundamental, residente e domiciliado na Rua das Flores, 301, bairro Castro, município de Botucatu/SP.

**Exposição do caso**: O Ministério Público requisitou intervenção do PPCAAM/SP, porque o adolescente em tela se encontra em risco de morte por ter presenciado o homicídio de um vizinho, conhecido como "Chico Pó", que, segundo investigação policial, pode ser integrante de uma quadrilha que agia nas proximidades com o tráfico de entorpecentes. Conforme relato do adolescente, ele estava na frente de sua casa quando um homem armado adentrou na casa de Chico Pó e disparou três tiros à queima-roupa, atingindo-o fatalmente. Ocorre que, após alguns dias, o adolescente começou a ser ameaçado constantemente de morte e, por esse motivo, seus genitores buscaram apoio do Ministério Público, com o objetivo de resguardar a vida do filho.

**Indicação para a atividade:**
1. Identificar quais medidas devem ser tomadas de imediato para resguardar os direitos do adolescente.
2. Identificar quais medidas a equipe técnica do PPCAAM/SP deve adotar antes da intervenção na situação apresentada.
3. Identificar quais direitos poderão ser violados, com vistas a proteger a vida do adolescente.

**Providências ou encaminhamentos da situação apresentada:**
1. Quanto às providências imediatas:
   * A equipe técnica do PPCAAM/SP realizou entrevista com o adolescente e seus pais, colheu os dados e ofereceu a oportunidade de incluir a família no programa, tendo como ponto principal a permanência do núcleo familiar que demonstrou forte vínculo afetivo.
   * A família foi informada de que, em caso de adesão, o programa tem duração é de até um ano, podendo ser prorrogado em situações excepcionais e, para tal, depende da anuência do adolescente e de seus pais, que deverão aderir sistematicamente às orientações do programa.
2. Quanto às providências que devem ser discutidas com a equipe interdisciplinar do PPCAAM/SP:
   * A equipe interdisciplinar deve analisar o caso, considerando as informações obtidas pelo Ministério Público e durante a entrevista realizada com o adolescente e seus pais, com o objetivo de verificar se o fato apresentado se enquadra nos requisitos do programa que visa proteger a vida do ameaçado.

Se confirmado o risco iminente de ameaça de morte, a equipe deve averiguar se existe voluntariedade por parte do ameaçado e anuência de sua família em participar do programa.

Se existir anuência do adolescente e de seus pais, a equipe deve verificar a qual município a família será encaminhada a fim de reconstruir a vida, longe das ameaças existentes.

Assim que definido o município, a equipe deve averiguar os possíveis parceiros que acolherão a família na nova etapa, por exemplo: prefeituras, pelo Centro de Referência de Assistência Social (Cras), escolas e outros programas governamentais e não governamentais.

A equipe deve planejar como acompanhará o caso, por exemplo, com visitas domiciliares, acompanhamento escolar, elaboração de relatórios.

3. Identificação de alguns direitos que poderão ser violados, com vistas a proteger a vida do adolescente enquanto está sendo acompanhado pelo PPCAAM/SP:

Para garantir o direito à vida do adolescente, existe a possibilidade de violar outros direitos inerentes à pessoa, tais como:

a. convivência comunitária – para resguardar o direito à vida, o adolescente será encaminhado para outro município, muitas vezes com a orientação de não manter contato com familiares, amigos e outros, no intuito de se evitar que seja encontrado pelo indivíduo que o ameaça; e

b. liberdade de ir e vir – esse direito é resguardado parcialmente, pois o adolescente deverá ter cautela, e não se expor; caso contrário, poderá fragilizar a medida de proteção.

# Para concluir...

**A elaboração** desta obra foi desafiadora e esperamos ter provocado nos leitores muitos questionamentos e diversas reflexões.

Ressaltamos que escrever sobre serviço social, direito e cidadania foi propício para buscar uma possível compreensão de como esse tema pode ser entrelaçado, aprofundado e debatido criticamente.

Para abordarmos os aspectos jurídicos do tema, houve a necessidade de nos reportarmos a pesquisas de cunho histórico, doutrinário e legislativo, com enfoque na promulgação da Constituição Federal de 1988, momento em que ocorreu a consolidação dos direitos fundamentais e sociais no território nacional.

Além disso, com a base na lógica democrática, apresentamos, ainda que de forma sintética, as características formadoras do direito brasileiro, a compreensão do funcionamento do Estado, o modo como são criadas as políticas públicas e os meios e métodos de solução dos conflitos. Isso possibilitou o entendimento dos caminhos para o pleno exercício da cidadania.

Enfim, o ponto comum dos três capítulos desta obra foi a aproximação da compreensão da organização do ordenamento jurídico brasileiro e dos mecanismos que podem afetar diretamente o modo como vivem e se relacionam as pessoas.

Cumpre ressaltar que, à medida que se fortalece a conexão do direito brasileiro com a Constituição de 1988, revigora-se o sentimento de cidadania no país.

De mais a mais, a cidadania vai criando uma forma de atuação mais democrática, consolidando a premissa de que a desigualdade social é uma expressão da questão social que deve ser minimizada, para que os sujeitos possam ter seus direitos concretizados e as expectativas vigentes instituídas na Carta Magna sejam efetivamente atendidas.

Vale salientar que, nesse processo, o serviço social também obteve um papel fundamental e de destaque ao lado de outras profissões que lutam para a consolidação da cidadania e dos direitos no Brasil.

Ademais, a descentralização administrativa e a participação da sociedade civil organizada com a promulgação da Constituição Cidadã permitiram importantes ações para o reordenamento político-administrativo, invocando o aprimoramento das políticas públicas e a adesão dos entes federativos para que estas fossem aplicadas no território nacional.

Enfim, ao questionarmos como associar o direito, o serviço social e a cidadania, refletimos sobre a possibilidade de ascensão democrática considerável, que definiu o papel legítimo oriundo da transformação do Estado democrático de direito, que visa à efetividade dos direitos e à democratização de suas ações.

Portanto, a essa concepção se associa a noção de que o direito e a cidadania não têm função linear. Somente esse entendimento pode colaborar com a democracia, na busca pelos direitos fundamentais e sociais para que seja possível o exercício da cidadania plena e, dessa maneira, superar os contrastes sociais.

Essa temática torna-se desafiadora, na medida em que sua proposta é analisar e compreender de que forma atua o direito brasileiro, mormente como podemos exercer a cidadania e onde o serviço social pode ser inserido, visto que está marcado por uma história de fragmentos sociais, de desorganização e ausência do Estado democrático de direito.

Acreditamos que é necessário abandonar a visão estagnada e avançar rumo ao entendimento analítico e reflexivo que está revestido em nosso ordenamento jurídico. Esse entendimento é indissociável para a atuação do serviço social e para que os cidadãos possam exercer seus direitos democraticamente.

Assim, fica visível que o serviço social é uma área que defende direitos e está inclinada cada vez mais a se comprometer com tal afirmação, pois seus profissionais defendem a luta dos trabalhadores e de toda a população que está à margem da sociedade.

À luz da nova égide democrática, resta nítido que o princípio da dignidade da pessoa humana e o da isonomia estão consolidados, pois a base legal prioriza o ser humano e resguarda os direitos das minorias. Tais princípios são importantes para a atuação dos profissionais do serviço social, que, pouco a pouco, se apropriam dos demais princípios constitucionais em busca de uma sociedade mais justa e igualitária.

É cediço que a carga histórica das políticas públicas no passado está recheada de ações direcionadas ao clientelismo e ao assistencialismo. Em virtude disso, torna-se essencial uma aproximação ainda maior em relação à aplicação dos direitos constitucionais para que o Estado possa reordenar seus serviços com o objetivo de atender às expectativas dos cidadãos, principalmente dos marginalizados, e atuar democraticamente em prol do bem comum.

Por derradeiro, é relevante destacar que o serviço social deverá estar cada vez mais alinhado com a democracia e com a luta pelo exercício pleno da cidadania, pois só assim será possível minimizar a desigualdade social e tornar possível a emancipação dos cidadãos como sujeitos de direitos.

# Referências

ANGHER, A. J.; SIQUEIRA, L. E. A. de. **Dicionário universitário jurídico**. 6. ed. São Paulo: Rideel, 2002.

ARANRUT, C.; PETRELLA, R. **La mondialisation de l'économie**: éléments de synthèse. Fèvr. 1990.

ARAÚJO, L. A. D.; NUNES JUNIOR, V. S. **Curso de direito constitucional**. 8. ed. São Paulo: Saraiva, 2004.

ARREGUI, C. C.; WANDERLY, M. B. A vulnerabilidade social é atributo da pobreza? **Serviço Social & Sociedade**, São Paulo, n. 97, p. 143-166, 2009.

AZAMBUJA, D. **Teoria geral do estado**. 5. ed. Porto Alegre: Globo, 1973.

BAPTISTA, T. W. F. **O direito à saúde no Brasil**: sobre como chegamos ao Sistema Único de Saúde e o que esperamos dele. Rio de Janeiro: Fiocruz, 2005.

BARROSO, L. R. **O direito constitucional e a efetividade de suas normas**. 7. ed. Rio de Janeiro: Renovar, 2003.

BOBBIO, N. **O futuro da democracia**: uma defesa das regras do jogo. Rio de Janeiro: Paz e Terra, 1992.

\_\_\_\_\_. **Teoria geral da política**: a filosofia política e as lições dos clássicos. Rio de Janeiro: Campus, 2000.

BOTTOMORE, T. **Dicionário do pensamento marxista**. 2. ed. Rio de Janeiro: Zahar, 1970.

BRASIL. Constituição (1946). **Diário Oficial da União**, Brasília, 19 set. 1946. Disponível em: <https://archivos.juridicas.unam.mx/www/bjv/libros/4/1960/9.pdf>. Acesso em: 7 dez. 2017.

BRASIL. Constituição (1988). **Diário Oficial da União**, Brasília, 5 out. 1988. Disponível em: <http://www.planalto.gov.br/ccivil_03/Constituicao/Constituicao.htm>. Acesso em: 7 dez. 2017.

BRASIL. Constituição (1988). Emenda Constitucional n. 29, de 13 de setembro de 2000. **Diário Oficial da União**, Poder Legislativo, Brasília, DF, 14 dez. 2000. Disponível em: <http://www.planalto.gov.br/ccivil_03/constituicao/emendas/emc/mc29.htm>. Acesso em: 8 dez. 2017.

BRASIL. Decreto n. 1.948, de 3 de julho de 1996. **Diário Oficial da União**, Poder Executivo, Brasília, DF, 4 jul. 1996. Disponível em: <http:// legislacao.planalto.gov.br/legisla/legislacao.nsf/Viw_Identificacao/dec%201.948-1996?OpenDocument>. Acesso em: 11 dez. 2017.

\_\_\_\_\_. Decreto n. 3.724, de 15 de janeiro de 1919. **Diário Oficial da União**, Poder Legislativo, Brasília, DF, 18 jan. 1919. Disponível em: <http://www2.camara.leg.br/legin/fed/decret/1910-1919/decreto-3724-15-janeiro-1919-571001-publicacaooriginal-94096-pl.html>. Acesso em: 11 dez. 2017.

\_\_\_\_\_. Decreto n. 4.682, de 24 de janeiro de 1923. **Diário Oficial da União**, Poder Executivo, Brasília, DF, 13 abr. 1923. Disponível em: <http://www.planalto.gov.br/ ccivil_03/decreto/historicos/dpl/dpl4682.htm>. Acesso em: 9 dez. 2017.

BRASIL. Decreto n. 5.109, de 17 de junho de 2004. **Diário Oficial da União**, Poder Executivo, Brasília, DF, 18 junho 2004a. Disponível em: <http://www.planalto.gov.br/ccivil_03/_Ato2004-2006/2004/Decreto/D5109.htm>. Acesso em: 11 dez. 2017.

_____. Decreto-Lei n. 5.452, de 1º de maio de 1943. Consolidação das Leis do Trabalho. **Diário Oficial da União**, Poder Executivo, Brasília, DF, 9 ago. 1943. Disponível em: <http://www.planalto.gov.br/ccivil_03/decreto-lei/Del5452.htm>. Acesso em: 8 dez. 2017.

_____. Lei n. 3.071, de 1º de janeiro de 1916. Código Civil dos Estados Unidos do Brasil. **Diário Oficial da União**, Brasília, 5 jan. 1916. Disponível em: <http://www.planalto.gov.br/ccivil_03/leis/L3071.htm>. Acesso em: 9 dez. 2017.

_____. Lei n. 4.320, de 17 de março de 1964. **Diário Oficial da União**, Poder Legislativo, Brasília, 23 mar. 1964. Disponível em: <http://www.planalto.gov.br/ ccivil_03/leis/L4320.htm>. Acesso em: 7 dez. 2017.

_____. Lei n. 7.716, de 5 de janeiro de 1989. **Diário Oficial da União**, Poder Legislativo, Brasília, DF, 6 jan. 1989. Disponível em: <http://www.planalto.gov.br/ccivil_03/leis/L7716.htm>. Acesso em: 10 dez. 2017.

_____. Lei n. 8.069, de 13 de julho de 1990. Estatuto da Criança e do Adolescente. **Diário Oficial da União**, Poder Legislativo, Brasília, DF, 16 jul. 1990a. Disponível em: <http://www.planalto.gov.br/ ccivil_03/LEIS/L8069.htm>. Acesso em: 7 dez. 2017.

_____. Lei n. 8.080, de 19 de setembro de 1990. **Diário Oficial da União**, Poder Legislativo, Brasília, DF, 20 set. 1990b. Disponível em: <http://www.planalto.gov.br/ ccivil_03/leis/L8080.htm>. Acesso em: 8 dez. 2017.

_____. Lei n. 8.142, de 28 de dezembro de 1990. **Diário Oficial da União**, Poder Legislativo, Brasília, DF, 31 dez. 1990c. Disponível em: <http://www.planalto.gov.br/ ccivil_03/leis/L8142.htm>. Acesso em: 8 dez. 2017.

_____. Lei n. 8.742, de 7 de dezembro de 1993. **Diário Oficial da União,** Poder Legislativo, Brasília, 8 dez. 1993. Disponível em: <http://www.planalto.gov.br/ccivil_03/leis/l8742.htm>. Acesso em: 7 dez. 2017.

BRASIL. Lei n. 8.842, de 4 de janeiro de 1994. **Diário Oficial da União**, Poder Legislativo, Brasília, DF, 5 jan. 1994. Disponível em: <http://www.planalto.gov.br/ ccivil_03/leis/L8842.htm>. Acesso em: 11 dez. 2017.

_____. Lei n. 10.406, de 10 de janeiro de 2002. Código Civil. **Diário Oficial da União**, Poder Legislativo, Brasília, DF, 11 jan. 2002. Disponível em: <http://www. planalto.gov.br/ccivil_03/leis/2002/l10406.htm>. Acesso em: 8 dez. 2017.

_____. Lei n. 10.741, de 1º de outubro de 2003. Estatuto do Idoso. **Diário Oficial da União**, Poder Legislativo, Brasília, DF, 3 out. 2003. Disponível em: <http://www.planalto.gov.br/ ccivil_03/leis/2003/L10.741.htm>. Acesso em: 8 dez. 2017.

_____. Lei n. 11.340, de 7 de agosto de 2006. **Diário Oficial da União**, Poder Legislativo, Brasília, 8 ago. 2006a. Disponível em: <http://www.planalto.gov.br/ccivil_03/_ato2004-2006/2006/lei/l11340.htm>. Acesso em: 10 dez. 2017.

_____. Lei n. 13.105, de 16 de março de 2015. Código de Processo Civil. **Diário Oficial da União**, Poder Legislativo, Brasília, 17 mar. 2015a. Disponível em: <http://www.planalto.gov.br/ ccivil_03/_ato2015-2018/2015/lei/l13105.htm>. Acesso em: 11 dez. 2017.

_____. Lei n. 13.146, de 6 de julho de 2015. Lei Brasileira de Inclusão da Pessoa com Deficiência (Estatuto da Pessoa com Deficiência). **Diário Oficial da União**, Poder Legislativo, Brasília, 7 jul. 2015b. Disponível em: <http://www.planalto.gov.br/ ccivil_ 03/ato2015-2018/2015/lei/l13146.htm>. Acesso em: 12 dez. 2017.

_____. Lei n. 13.467, de 13 de julho de 2017. **Diário Oficial da União**, Poder Legislativo, Brasília, DF, 14 jul. 2017. Disponível em: <http://www.planalto.gov.br/ ccivil_03/_ Ato2015-2018/2017/ Lei/ L13467.htm>. Acesso em: 11 dez. 2017.

BRASIL. Ministério da Fazenda. Receita Federal do Brasil. Instrução Normativa n. 1.470, de 30 de maio de 2014. **Diário Oficial da União**, Brasília, DF, 9 jun. 2014. Disponível em: <http://normas.receita.fazenda.gov.br/sijut2consulta/link. action?idAto=53059&visao=anotado>. Acesso em: 11 dez. 2017.

BRASIL. Ministério do Desenvolvimento Social e Combate à Fome. Política Nacional de Assistência Social. Resolução n. 145, de 15 de outubro de 2004. **Diário Oficial da União**, Brasília, 28 out. 2004b. Disponível em: <http://www.mds.gov.br/webarquivos/publicacao/assistencia_social/Normativas/PNAS2004.pdf>. Acesso em: 11 dez. 2017.

BRASIL. Ministério dos Direitos Humanos. Secretaria Especial dos Direitos Humanos. Conselho Nacional dos Direitos da Criança e do Adolescente. Resolução n. 113, de 19 de abril de 2006. **Diário Oficial da União**, Brasília, 20 abr. 2006b. Disponível em: <http://dh.sdh.gov.br/download/resolucoes-conanda/res-113.pdf>. Acesso em: 8 dez. 2017.

_____. Resolução n. 137, de 21 de janeiro de 2010. **Diário Oficial da União**, Brasília, 4 mar. 2010. Disponível em: <http://dh.sdh.gov.br/download/resolucoes-conanda/res-137.pdf>. Acesso em: 8 dez. 2017.

CARVALHO, J. M. de. **Cidadania no Brasil**: o longo caminho. 3. ed. Rio de Janeiro: Civilização Brasileira, 2002.

CFESS – Conselho Federal de Serviço Social; CRESS – Conselhos Regionais de Serviço Social. **Trabalhar na assistência social em defesa dos direitos da seguridade social**. Brasília, mar. 2011. Disponível em: <http://www.cfess.org.br/arquivos/cartilhaSUAS_FINAL.pdf>. Acesso em: 8 dez. 2017.

COLIN, D. R. A. **A política pública da assistência social no Estado do Paraná**: o sistema descentralizado e participativo da assistência social – história, significados e instrumentação. Curitiba, 2003. Mimeografado.

DALLARI, D. de A. **Elementos de teoria geral do Estado**. 19. ed. São Paulo: Saraiva, 1995.

FALEIROS, V. P. **O que é política social**. 5. ed. São Paulo: Brasiliense, 1991.

FARIA, J. E. **O direito na economia globalizada**. São Paulo: Malheiros, 2002.

IAMAMOTO, M. V. A questão social no capitalismo. **Temporalis**, Brasília, ano 2, n. 3, jan./jun. 2001.

IAMAMOTO, M. V.; CARVALHO, R. **Relações sociais e serviço social no Brasil**: esboço de uma interpretação histórico-metodológica. São Paulo: Cortez, 1983.

LAURELL, A. C. (Org.). **Estado e políticas sociais no neoliberalismo**. São Paulo: Cortez, 1995.

LUCCHESE, P. T. R. (Coord.). **Políticas públicas em saúde pública**. São Paulo: Bireme/Opas/OMS, 2002.

MARTINS, S. P. **Direito da seguridade social**. 22. ed. São Paulo: Atlas, 2005.

_____. **Instituições de direito público e privado**. 6 ed. São Paulo: Atlas, 2006.

MAZZUOLI, V. de O. Direitos humanos, cidadania e educação. **Revista Jus Navigandi**, Teresina, ano 6, n. 51, out. 2001. Disponível em: <https://jus.com.br/artigos/2074>. Acesso em: 7 dez. 2017.

MEIRELLES. H. L. **Direito administrativo brasileiro**. São Paulo: Melhoramentos, 2007.

MELLO, J. M. C. de. **O capitalismo tardio**. 7. ed. São Paulo: Brasiliense, 1988.

MELLO, T. de. **Versos na tarde**. 2 mar. 2013. Disponível em: <http://mesquita.blog.br/versos-na-tarde-thiago-de-melo>. Acesso em: 7 dez. 2017.

MENDES, E. V. 25 anos do Sistema Único de Saúde: resultados e desafios. **Estudos Avançados**, São Paulo, v. 27, n. 78, p. 27-34, 2013.

MONTAÑO, C. E. O serviço social frente ao neoliberalismo: mudanças na sua base de sustentação funcional-ocupacional. **Serviço Social & Sociedade**, São Paulo, ano 18, n. 53, p. 102-125, mar. 1997.

ONU – Organização das Nações Unidas. **Declaração Universal dos Direitos Humanos**. 1948. Disponível em: <https://nacoesunidas.org/direitoshumanos/declaracao/>. Acesso em: 8 dez. 2017.

PASSOS, J. J. C. de. Cidadania tutelada. **Revista do Processo**, São Paulo, v. 18, n. 72, p. 124-143, out./dez. 1993.

PASTORINI, A. Quem mexe os fios das políticas sociais? Avanços e limites da categoria "concessão-conquista". **Serviço Social & Sociedade**, São Paulo, v. 18, n. 53, p. 80-101, mar. 1997.

PAULO NETTO, J. A construção do projeto ético-político do serviço social. **Capacitação em Serviço Social e Política Social**, Módulo 1. Brasília: CEAD/ABEPSS/CFESS, 1999.

PAULUS JÚNIOR, A.; CORDONI JÚNIOR, L. Políticas públicas de saúde no Brasil. **Revista Espaço para a Saúde**, Londrina, v. 8, n. 1, p. 13-19, dez. 2006.

PAUPÉRIO, A. M. **Teoria geral do Estado**. 4. ed. Rio de Janeiro: Forense, 1964.

PINHO, R. R.; NASCIMENTO, A. M. **Instituições de direito público e privado**: introdução ao estudo do direito, noções de ética profissional. 24. ed. São Paulo: Atlas, 2006.

QUIROGA, C. **Invasão positiva no marxismo**: manifestações no ensino da metodologia no serviço social. São Paulo: Cortez, 1991.

RIZZINI, I. **Crianças e a lei no Brasil**: revisitando a história (1822-2000). Rio de Janeiro. Unicef/USU, 2000.

SANTOS, B. de S. **Globalização**: fatalidade ou utopia. Porto: Afrontamento, 2001.

SANTOS, E. P.; COSTA, G. M. Questão social e desigualdade: novas formas, velhas raízes. **Revista Ágora**, Rio de Janeiro, v. 2, n. 4, 2006.

SÊDA, E.; SÊDA, E. **A criança, o índio, a cidadania**. Rio de Janeiro: Adês, 2005. Disponível em: <http://jusro.com.br/wp-content/uploads/2013/01/edson-seda.pdf>. Acesso em: 8 dez. 2017.

SILVA, J. A da. **Curso de direito constitucional positivo**. 24. ed. rev. e atual. São Paulo: Malheiros, 2004.

_____. **Comentário contextual à Constituição**. 5. ed. São Paulo: Malheiros, 2008.

SILVEIRA, J. I. Sistema único de assistência social: institucionalidade e práticas. In: BATTINI, O. (Org.). **SUAS**: Sistema Único de Assistência Social em debate. São Paulo: Veras; Curitiba: Cipec, 2007.

SILVEIRA, J. I. Gestão do trabalho: concepção e significado para o SUAS. In: BRASIL. Ministério do Desenvolvimento Social e Combate à Fome. **Gestão do trabalho no âmbito do SUAS**: uma contribuição necessária para ressignificar as ofertas e consolidar o direito socioassistencial. Brasília: MDS; Secretaria Nacional de Assistência Social, 2011. p. 9-40. Disponível em: <http://acervodigital.mds.gov.br/xmlui/bitstream/handle/123456789/588/63.pdf?sequence=1>. Acesso em: 12 dez. 2017.

SIMÕES, C. **Curso de direito do serviço social**: biblioteca básica de serviço social. São Paulo: Cortez, 2007. v. 3.

SINGER, P. **O capitalismo**: sua evolução, sua lógica e sua dinâmica. São Paulo: Moderna, 1987.

SOUZA, H. J. de. **Como se faz análise de conjuntura**. 16. ed. Petrópolis: Vozes, 1984.

TEIXEIRA, J. B.; BRAZ, M. **O projeto ético-político do serviço social**. Disponível em: <http://www.abepss.org.br/arquivos/anexos/teixeira-joaquina-barata_-braz-marce lo-20160806040743190286O.pdf>. Acesso em: 7 dez. 2017.

TEIXEIRA, J. H. M. **Curso de direito constitucional**. São Paulo: Forense Universitária, 1991.

TRT 8ª R – Tribunal Regional do Trabalho da 8ª Região. A história da justiça do trabalho. In: _____. **A justiça do trabalho em suas mãos**. Belém – PA. Disponível em: <http://www2.trt8.jus.br/cartilha/historia_jt.asp>. Acesso em: 8 dez. 2017.

VIEIRA, E. **Democracia e política social**. São Paulo: Cortez, 1992.

WOLKMER, A. C. **História do direito no Brasil**. 3. ed. Rio de Janeiro: Forense, 2003.

YAZBEK, M. C. Estado, políticas sociais e implementação do SUAS. In: BRASIL. Ministério do Desenvolvimento Social e Combate à Fome; Instituto de Estudos Especiais Da PUC-SP. **SUAS**: configurando os eixos de mudança. Brasília: MDS, 2008. p. 79-125.

# Respostas

## Capítulo 1

1. b
2. c
3. c
4. O regime de bens tido como regra no Brasil é o regime da comunhão parcial.
5. Sim, embora não usual, o regime da participação final nos aquestos é válido.

## Capítulo 2

1. a
2. b
3. d

**4.** Porque a participação coletiva nas instâncias de debates para a implementação das políticas públicas fortalece a efetivação da cidadania democrática, provocando (mediante participação popular) o debate e a reflexão acerca das garantias dos direitos que constam em nossa Carta Magna.

**5.** O Estado de direito fundamenta-se na participação dos sujeitos integrantes de determinada sociedade nas decisões políticas com liberdade, buscando equidade social, respeitando a vontade popular e garantindo os direitos contidos na CF/1988.

## Questões para reflexão

**1.** A cidadania pode ser compreendida como paridade, igualdade coletiva. Ela impulsiona os sujeitos a exercerem de forma igualitária seus direitos, sem discriminação.

**2.** O princípio da isonomia é conhecido também como *princípio da igualdade* e está previsto no *caput* do art. 5º da CF/1988. Esse princípio é fundamental para a sustentação da democracia – é um dos mais amplos princípios constitucionais, uma vez que atende às mais diversas situações em que estão presentes desigualdades e violações de direitos. Assim, *grosso modo*, é possível afirmar que esse princípio visa assegurar a igualdade de todos perante a lei, sem nenhuma forma de discriminação.

# Capítulo 3

**1.** a

**2.** c

**3.** b

4. É preciso levar em consideração: o crescimento econômico e as contradições presentes nesse modo de produção; a competição acirrada na busca dos indivíduos por sua inserção no mercado de trabalho; a fragilização das relações de trabalho; e a exclusão do processo produtivo. É necessário refletir sobre como o serviço social pode fornecer orientação para usufruir do bem-estar social e possibilitar mudanças de comportamento dos indivíduos em uma perspectiva crítica na prática profissional e no reconhecimento do caráter histórico e social presente no cotidiano profissional.

5. Para tratar da configuração do projeto político é necessário questionar se: apresenta a autoimagem de uma profissão; prevê a possibilidade de os projetos societários serem transformadores ou conservadores; está presente na dinâmica de um projeto coletivo; e como se conecta a determinado projeto societário.

# Sobre os autores

**Amélia Aparecida Lopes Vieira Branco** é graduada em Serviço Social pelas Faculdades Integradas Espírita (1999), bacharel em Direito pela Faculdade Estácio de Sá de Curitiba (2012) e especialista em Administração e Gestão da Qualidade e Produtividade pela Fundação de Estudos Sociais do Paraná (Fesp). Atualmente, é docente do curso de Serviço Social das Faculdades Integradas de Botucatu (FIBs-Unifac). Ministra as disciplinas de Trabalho e Sociabilidade e Processos Técnicos Operativos do Serviço Social. Atua em capacitações nas áreas de assistência social, infância e juventude, direitos humanos e políticas públicas. É assistente social da Associação Assistencial e Pedagógica Aitiara de Botucatu (SP). Atuou na coordenação da Proteção Social Especial da Secretaria da Família do Estado do Paraná e na área de Assistência Social (Proteção Social Básica e Especial). Desenvolveu atividades como gerente de diagnóstico social, sendo responsável pela elaboração e pelo desenvolvimento de projetos sociais em comunidades para regularização fundiária e implementação de políticas públicas. Atuou como coordenadora do Programa Aprendiz, como assessora do Conselho Tutelar, como secretária do Conselho Municipal dos Direitos da Criança e do Adolescente e como conselheira municipal da Assistência Social. Desenvolveu atividades como técnica na elaboração de relatórios, laudos e pareceres sociais na Comarca de Campina Grande do Sul (PR).

**Gustavo Fernandes Emilio** é mestre em Direito na área de ciências jurídico-históricas pela Universidade de Coimbra, Portugal. É bacharel em Direito pela Faculdade de Direito de Bauru (ITE). É professor nas Faculdades Integradas de Botucatu (FIBs-Unifac), onde ministra disciplinas de Direito nos cursos de Serviço Social, Administração, Ciências Contábeis e Tecnologia de Gestão de Recursos Humanos. Também leciona no curso de pós-graduação em Serviço Social da Faculdade Sudoeste Paulista (FSP), em Avaré (SP). É supervisor pedagógico e coordenador docente dos programas de formação profissional pelo Serviço Nacional de Aprendizagem Rural no estado de São Paulo (Senar/AR – SP). É advogado no âmbito contencioso na área cível, com ênfase em direito de família e sucessões e direito do consumidor.

**Nilza Pinheiro dos Santos** é especialista em Administração, Planejamento e Assistência Pública pela Instituição Toledo de Ensino (ITE) de Bauru; em Administração, Planejamento e Supervisão em Serviço Social pela Associação de Ensino de Botucatu (Unifac); e em Administração em Recursos Humanos e Serviço Social também pela Unifac. É graduada em Serviço Social pela Instituição Toledo de Ensino (ITE), Faculdade de Serviço Social de Bauru (SP). É coordenadora e docente do curso de Serviço Social das Faculdades Integradas de Botucatu (FIBs-Unifac), desde março de 1985. Atualmente, ministra as disciplinas Fundamentos Teóricos Metodológicos do Serviço Social e Orientação e Supervisão para o Trabalho de Conclusão de Curso. É presidente do Núcleo Docente Estruturante (NDE) do curso de Serviço Social e do Conselho de Curso. Presta assessoria e consultoria na área de serviço social, gestão pública municipal e na área de gestão de pessoas, política da criança e adolescente. É membro do Conselho Municipal dos Direitos da Criança e do Adolescente (CMDCA). Foi presidente (2013-2015 e 2017-2018) e primeira secretária (2015-2017) do CMDCA de Botucatu. É presidente da ONG Centro Regional de Registro

Atenção aos Maus Tratos na Infância (sócia-fundadora e membro da diretoria desde 1988). É membro da Comissão Municipal de Acompanhamento e Avaliação (CMAA), gestão 2017-2020. Foi presidente da CMAA – Programa "Prefeito Amigo da Criança" (2009-2016).

Este produto é feito de material proveniente de florestas bem manejadas certificadas FSC® e de outras fontes controladas.

Impressão: Gráfica Mona
Março/2019